ちくま新書

東京格差

——浮かぶ街・沈む街

中川寛子
Nakagawa Hiroko

1374

東京格差——浮かぶ街・沈む街【目次】

【「東京格差」概念図】

本文中で取り上げた事例のまちにアクセスする主要な路線のみを記した。煩雑さを避けるため、地下鉄各路線は削除、そこに繋がる路線などでも削除した線があり、基本的にはおおよその位置を知るための概念図である。また、中央線ネットワークやオープンガーデンを行っている自治体などのように広範に過ぎる、あるいは駅名として図化するのが難しい事例などについては図中に記していないものもある。

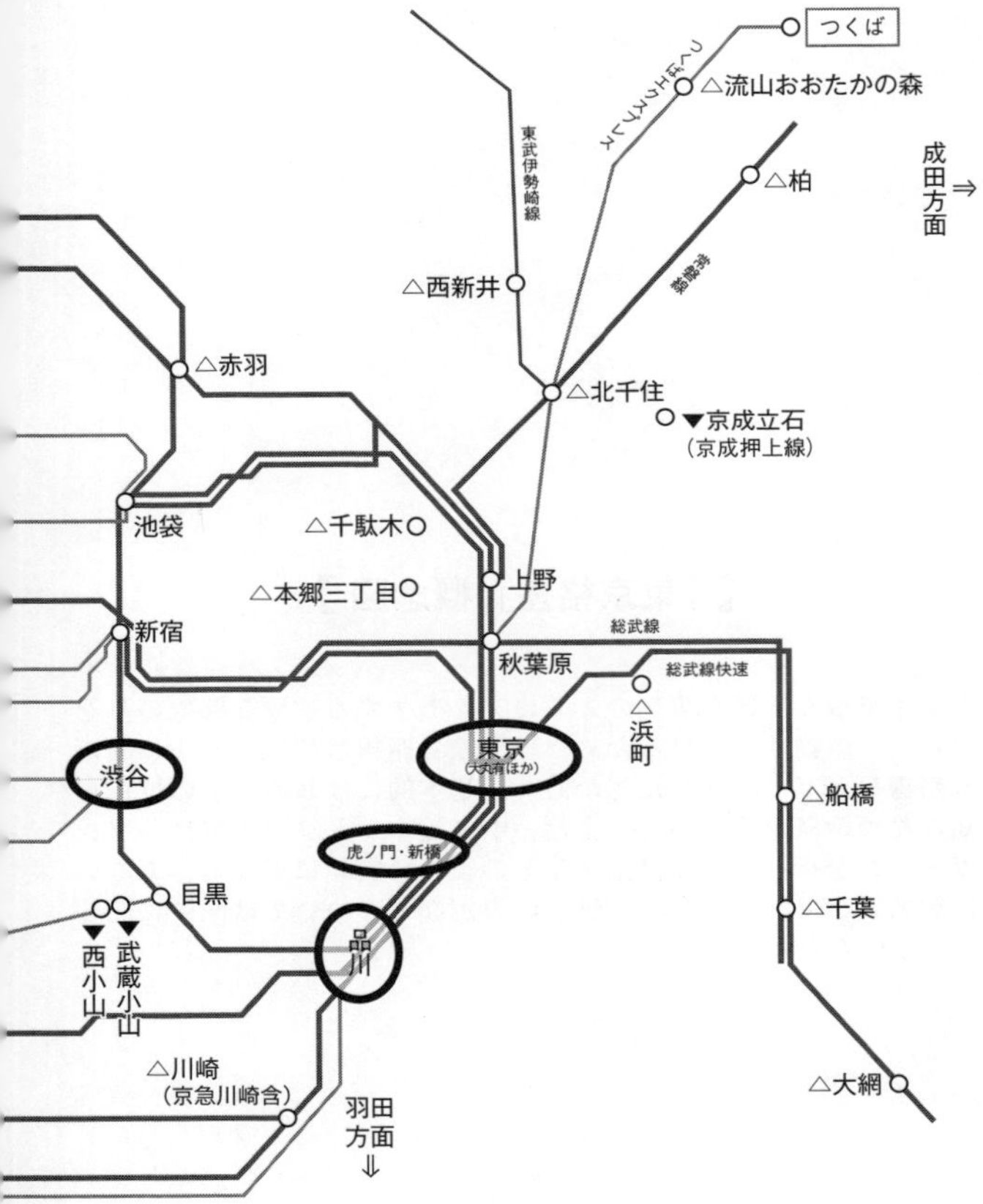

凡例

・□で囲んだ駅名はターミナルから約50分圏を現したもの。ただし、新幹線なら東京駅から50分圏に収まる熱海駅のように利用する電車によって近くても時間がかかる／遠くても短時間で着く例もあるため、一応の目安である。

・太線で囲んだ地名は、現在、大規模再開発中のおおよその地域。

・△を付した駅名は本文中でポジティブな事例として紹介したもの。▼はネガティブな事例。また、千葉県流山市のように、市内1駅のみを示した例もある。

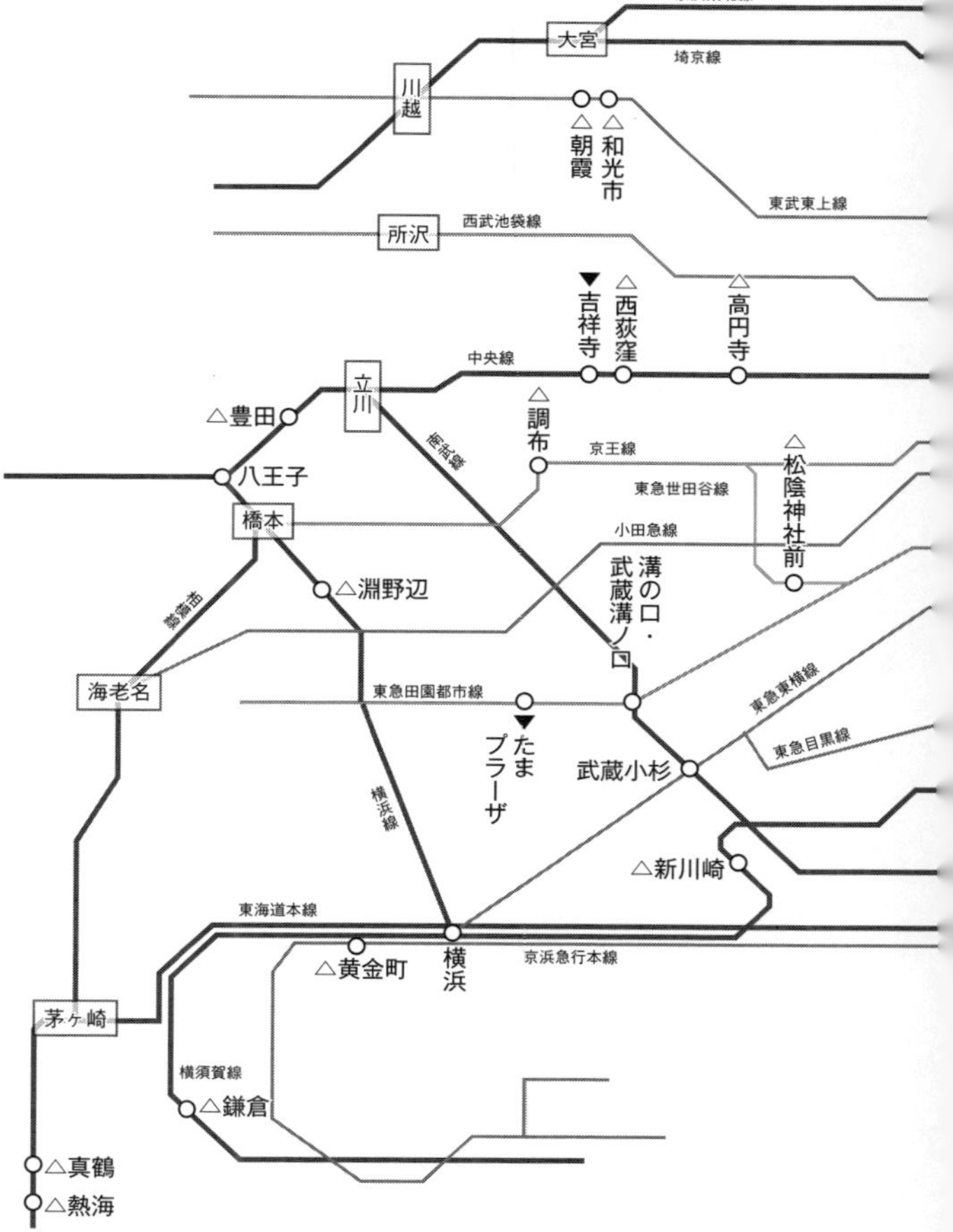
京浜東北線
大宮
埼京線
川越
△朝霞
△和光市
東武東上線
所沢
西武池袋線
▼吉祥寺
△西荻窪
△高円寺
中央線
立川
△豊田
八王子
△調布
京王線
△松陰神社前
東急世田谷線
橋本
小田急線
相模線
△淵野辺
溝の口・武蔵溝ノ口
海老名
東急田園都市線
▼たまプラーザ
東急東横線
東急目黒線
武蔵小杉
横浜線
△新川崎
東海道本線
横浜
△黄金町
京浜急行本線
茅ケ崎
横須賀線
△鎌倉
△真鶴
△熱海

まえがき

†都心はまだまだ、大きく変わる

明治維新以降、日本は変化し続けてきたが、そのうちでももっとも大きく変わったのは東京だ。現在も二〇二〇年の東京五輪に向かって変わり続けており、さらにそれ以降の開発計画もいくつか公表されている。まだまだ変わる、常に動き続けているまちなのである。

だが、その変わり方には地域によって差がある。バブル期までは多少の時間、程度の違いなどはあったものの東京全域が以前より便利になる、価格が上がるなどの恩恵にあずかれていたが、近年の変化には偏りが出てきている。都心の、再開発などが行われている地域ではより便利に、安全に、賑やかになることへの期待があり、実際に大きく変わろうとしているまちがある。

たとえば、東京駅の丸の内側。大手町、丸の内、有楽町の、いわゆる大丸有と呼ばれるエリアはどうだ。江戸時代には大名小路と言われた歴史ある地域だが、かつては金融、保険などの大手企業のオフィスばかりが並ぶまちだった。そのため、週末や祝祭日になると人通りが絶え、閑散としていた。間違っても週末に遊びに行くまちではなく、ただ、働くだけの場所だった。

その当時からすると今の丸の内は全く違うまちである。古いビルが多い年には2~3棟ほども建て直され、風景が変わったのに加え、通りにはブランドショップやカフェその他の飲食店が並び、ベンチで語らう人達がいる。アートや音楽、イルミネーションなどを楽しみにやってくる人達も多く、ビジネスマンも朝に、晩に学びの場を求めてやってくる。最近では住む場所(住宅)、泊まる場所(ホテル)も登場しているし、働く人ですらインキュベーション施設の増加で若い人が増えた。大企業だけでなく、ベンチャーもいるまちになったのである。そしてもちろん、その変化が賑わいを生み、お金を生んでいる。企業が仕事をしているウィークデーだけでなく、週末も稼げるまちになったのだ。たかだか一〇数年ほどでまちがひとつ、生まれ変わったとさえ言っても良い。

大丸有以外でも都心の再開発が進むエリアでは同様の動きがある。オフィスビルを中心に開発が行われているとしても、実際の機能としては働く以外の遊ぶ、買う、泊まる、暮らすなどの機能を付加、多様な人達が、様々なタイミングで集まる、使われない時間がないような空間が目指されているのである。

具体的には大丸有にも近い、日本橋なども含む東京駅周辺や山手線新駅・リニア新駅が誕生、駅周辺に新しいまちが生まれる品川、二〇二七年まで開発が続き、駅周辺に高層ビル群が建ち並ぶことになる渋谷、東京メトロ日比谷線の新駅とやはり高層ビル群が予定される虎ノ門界隈なども今後、さらなる大変貌を遂げるはずだ。

都心以外でも駅前などを中心に商業地は元気だ。公示地価で見ると東京二三区の商業地は一九九七年を底に二〇〇二年頃から上昇し始め、二〇〇八年には最高価格の㎡単価はバブルを越える三九〇〇万円に達し、最新の二〇一八年に至っては五五五〇万円にまで至っている。

†浮かぶまち、沈むまちに二極化する東京

これに対して東京二三区の住宅地の平均㎡単価は一九八八年の一三六・一万円をピークに一九九一年を境に急落、二〇〇四年には四三・八万円とピーク時の三分の一以下にまで下がっている。その後、ミニバブルで二〇〇八年には五七・九万円にまで回復したものの、同年のリーマンショックで再び下落に。小幅ながらも上昇の兆しが見え始めたのは二〇一四年からである。最新の二〇一八年には五七・二万円まで戻してはいるものの、バブル時

の半額に届かないままなのである。

しかも、住宅地の中でも都心とそれ以外では差が出てきている。二〇一八年の公示価格の東京二三区の住宅街平均五七・二万円に対し、都心五区（千代田区、中央区、港区、新宿区、渋谷区）の平均は一二三〇・九万円。最も高い千代田区の二六一・八万円は最も低い足立区の二八・三万円の九・二五倍にも及んでいるのである。

住宅を買う人にとっては気になる価格の変動で見ても、中古になった時に価格が下がりにくいのは都心や地域の中心部にある商業地や準工業、工業地などが多いまちだ。東京二三区では千代田区、港区、中央区の都心三区（港区は比較的住居専用地域があるが）だし、神奈川県でいえば横浜市西区と川崎市中原区。西区はみなとみらいや横浜駅があるエリアで、川崎市中原区は再開発でタワーマンションが増えた武蔵小杉が全体を牽引している。埼玉県ではさいたま新都心の開発が行われたさいたま市中央区や浦和区、大宮区などといった市内の中心部が強い。千葉県では一時ほど話題にはならなくなったが、大規模マンションの開発が集中した浦安市、空港のある成田市といったところ。だが、それ以外では住宅が売れない地域はもちろん、分譲された住宅が一〇年しないうちに二〇％、三〇％以上と大きく値下がりしている地域もある。

世の中では人口減少の中で東京に人口が一極集中していると喧伝し、さらに東京五輪を前に東京の不動産価格は上昇していると浮かれているが、その東京内部では二極化が進行しているのである。しかも、その二極には二種類ある。ひとつは都心とそれ以外。もうひとつが都心から離れた多くのまちの駅近くの商業地とそれ以外の住宅地だ。二重の構造になっていると言っても良い。

†住宅地が取り残される理由は?

さて、ここでひとつ、疑問が湧く。どうして住宅地は都心や商業地に比べ、これほど低迷しているのかである。再開発その他で話題になるまち以外に住んでいる人なら、身近に空き家が増えていること、高齢者が増えていることを感じているのではなかろうか。華やかな話題の影で、東京圏とはいえ普通の住宅地では確実に高齢化、少子化、そして人口減少の影響が目に見えるようになりつつあり、衰退が始まっているのである。

しかも、都心の開発を行っているデベロッパーのうちには住宅地を手がけている会社も少なくない。渋谷の開発を行っている東急電鉄、丸の内の三菱地所、日本橋の三井不動産などはいずれも住宅地を手がけているが、自社本拠地のバリューアップほどには住宅地に力を入れているようには見えない。電鉄会社の場合には沿線の価値下落は鉄道の利用者を減らすことになるので、多少空き家対策等で手を入れてはいる。だが、それ以外の会社が自分たちがかつて分譲した住宅地の価値維持、バリューアップのために何かをしているかといえば、特に都心部の本拠地と比べれば、非常に情けない状態である。もちろん、分譲されてしまった不動産は所有者のものであり、分譲した会社が責任を取る必要はない。だが、それにしてもこのまま、誰も手を付けないままに行くと東京の住宅地はどうなってしまうのだろう。何が問題なのか。どうすれば住宅地を再生できるのか。

†住宅地5つの常識を疑う

この本ではまちの過去、現在を踏まえた上で、これからを考える。第1部ではまちの単機能化が進んだ二〇〇〇年以前を振り返り、今の住宅観、住宅街観ができてきた背景を探る。明治になってようやく土地を私有できるようになった日本で庶民が家を買えるようになったのは戦後だが、昭和三〇年代には現在に繋がる様々な社会の変化があった。

この時代には土地は人間サマが作るものになり、建物は高層化を始め、人の移動は自らの足から車に頼ることに。団地の誕生は専業主婦を生み、プライバシーをも生んだ。さらに団地は家長や客を大事にしてきた家を家族中心の作りに変えた。間取りは家族関係の反映なのである。

団地だけでなく、住宅の工業製品化が始まったのもこの時代。部品だけでなく、建物そのものが工業製品になったことで家は誰かが作るもの、買うものになった。多くの住宅を作るためには何よりも効率が大事だったし、その風潮は住宅に限らず、全てのものに及ぶようになった、歴史を考慮しない町名変更も言ってみればそのひとつである。

その後、バブル期には不動産は儲かるという成功体験が根強く多くの人に刷り込まれ、その影響は今にも及んでいる。いずれ空き家化するだろう相続税対策のアパートが建て続けられ、儲かると言われれば違法を承知で借金をして不動産に投資をする人達が少なからずいるのだ。また、その当時に購入された遠隔地の住宅は今では取り残され、高齢化が進む。その一方で都心は都庁移転以降、どんどん西へ、南へと移動していった。

だが、そこまでの時代、私たちはまちを選んではいなかった。今の時代、家を借りる、買う場合に立地を考えない人はいないと思うが、バブル期、多くの人は自分の収入で借りられる場所、買える場所しか借りられず、買えなかった。自分で選択できる、まち選びができるようになったのは地価が下落した、つい最近なのである。

さらにその後、地方分権の流れの中で自治体によるサービスに格差が生まれ、東日本大震災でまちの選び方が生死を分けるという考えも浸透した。さらに日本全体の人口減少が見え始め、まちの衰退を意識するようにもなった。すでに地方では限界集落と呼ばれるエリアが出始めているが、東京でも地域によっては危険があるのだ。

空き家、空地増加も意識を変えつつある現象だ。かつて不動産は安全で絶対な資産だった。手放すなんてとんでもない。今の六〇代以上ならそう考える。だが、貸すも売るもできない不良資産は重荷ですらない。三〇年以上ローンを払い続けることへの危惧、不安もある。ひょっとしたら土地所有はリスクかもしれない、そうした考え方もあるのだ。

そして、最後にこれからのまちを考えたい。ここではこれまで当たり前とされてきた住宅街観、東京観などのすべてをひっくり返してみることにした。問題の解決を考えようとする時、従来の問題が起きた枠組みの中で考えていても問題は解決できない。一度、どんがらがっちゃとしてみて、そこから考える。第3部はそんな章だ。

ひっくり返したのは5つの常識だ。それが「閑静な住宅街」「職住分離」「住みやすいまち」「東京は冷たい」、そして「大都市だから」である。実際にまちに賑わいを取り戻している例を見ながら、どうすれば良いかを考え、これからの住宅街のあり方を考える章である。

具体的には各項目を読んでいただきたいが、ひとつ、全体をまとめて抽象的に一言書くとすると、まちは桜並木のようなものであるということだ。花見は楽しみたいが、散った花や落ち葉の掃除はやりたくない、肥料をやるなど役所に頼め。そんな人ばかりが集まっていたら、桜並木はどうなるだろう。

これまでの時代は「役所に頼め」で良かったのだろうが、これからの時代にはそれはできなくなる。町会で決めれば誰もが掃除をしてくれた時代と違い、顔を出さない人も多く、そうした人たちとのやりとりも面倒だろう。それでも桜並木を維持したいか、それとも面倒くさいから切ってしまえと言うか。その辺りはそのまち次第だが、名所だった桜並木を切った後にもそのまちが魅力を保ち続けられるか。

逆に桜並木のないまちにどうやって桜並木あるいは桜並木に替わるものを作るかという考え方もある。どのまちにもそのまちならではの魅力があり、それをどう育てていくか。多くの住宅メディアは「資産価値の落ちないまちに買いましょう」と書くが、それは買ったらそれがそのまま維持される、自分では何もしないという状況を示唆する。だが、人も含め、全てのものは経年で劣化する。まちもまた劣化するものとしてしまうのか、いや、自分たちで桜並木を手入れしましょうよと考えるのか。浮かぶまち、沈むまちは桜並木を育てられるまちかどうかということでもあるのである。

最後に大事なことを。この本で取り上げる東京は東京を中心にした日本最大の都市圏、経済圏を意味している。ここ何年か、総務省の人口動態調査が発表されるたびに、東京一極集中という言葉が出てくるが、その場合に東京とされるのは一都三県。二〇一八年の人口動態調査でも関東各都県のうち、一都三県だけが人口増（微増ではあるが）が続いており、このエリアが都心を中心にした影響の範囲であることが分かる。ただ、実際の人口の増減で考えると、一都三県全域というわけではない。

そこで、ここではもう少し、影響の強さから地域を限定し、東京駅から主に四〇キロ圏（一部、神奈川県鎌倉市その他はみ出す地域もある）を想定している。通勤・通学などを通じて東京都心部と密接な関係を持つ、分かち難く一体となっているエリアということであり、その例証は二〇〇〇年から二〇一〇年にかけて夜間人口が増加、二〇〇一年から二〇〇九年にかけて従業者数も増加しているということだ。東京の経済、成長の影響を大きく受け、共に発展し、近年までは成長する東京圏とされてきた地域と言ってもよい。

だが、今後も同じ状況が続くとは考えられない。東京という大樹の陰にいれば大丈夫ということはあるまい。逆にこれまでが良かったからとそこに安穏としていると、ある日、茹でガエルということもあろう。すでに人口減少を如実に感じている地方都市と違い、東京でまちによる差が出てくるのはこれからだ。その前になにかできることはないか。考えておくべきだろう。

第1部
過去
まちの単機能化が進んだ2000年以前

四谷コーポラス。日本初の民間分譲マンション。

この章では明治、大正、そして関東大震災、第二次世界大戦を経て戦後復興期、バブル期までのまちと暮らしの変化を概観する。一言でまとめると庶民が土地を所有し、住宅を購入できるようになったのは戦後。「閑静な住宅街」が良しとされたのは、江戸以降、それまでの住環境が劣悪だった反動である。

また、戦後、住と職が分離され、昭和三〇年代には専業主婦が誕生、バブル期には長時間通勤が当然とされ、稼ぐまちと寝るまちは遠く離れて配された。明治維新からバブル後に土地価格が下落、都心回帰が言われ始めた二〇〇〇年までは、おおよそ一三〇年余。日本の歴史全体からするとそれほど長い時間ではないものの、この間に日本の住宅、まちの常識と思われるものが形作られたと思っても良い。だとすると、まずはそれを知ることで現在、将来を考えるベースとしたい。

†江戸の住民は超過密な低湿地に居住

江戸時代後期、一八〇〇年代の江戸は町民、武士それぞれが五〇万人ほどの、合計一〇〇万都市だったと推定される。ロンドン、北京が九〇万人、パリが五四万人と推定されることを考えると、世界一の人口を擁しており、同時に世界一の稠密都市でもあった。

稠密さの要因としては人口そのものが多かったこともあるが、それ以上に、身分によって居住地が定められていたことが大きい。江戸市中とされた、朱引き地内の土地の約七割は武家地、残りの約半分は寺社地、そして残りの一六％ほどが町人地だったとされるが、人口の半分がわずか一六％の土地に住んでいたのである。超過密になるのは当然だろう。

歴史学者小木新造は著書『江戸東京学事始め』（ちくまライブラリー）で町人地の人口密度は一平方キロメートルあたり六万人だったと推定しているが、二〇一七年一〇月一日時点の推計人口から算出した、日本でもっとも人口密度が高い東京都豊島区は二万二八八七人（小数点以下切下げ）。平屋が大半だった江戸の人口密度が、タワーマンションも林立する豊島区の二・六倍強なのである。どれだけ狭い地域に多くの人が住んでいたかが分かる。

実際、江戸時代の職人の住まいは九尺二間、つまり、一畳半の土間に四畳半の計六畳ほどの長屋が大半だったとされる。テレビ等の時代劇によく登場してくる通り、路地に面した長屋はその奥にある便所、井戸を共同使用し、路地が共同炊事場となってもいた。

加えて町人地は基本低地にあった。狭い、湿っぽくてじめじめした空間に多くの人が密集していたわけで、江戸庶民の住環境は非常に劣悪なものであった。

もうひとつ、この時代には土地は基本、徳川将軍家のものとされ、私有はごく一部の町人地に限られ、沽券（土地・家屋などの売却証文）による売渡地、沽券地があったが、武家地などの拝領地には適用されていなかった。ちなみに江戸より以前にも土地の私有という考え方はない。その意味では日本での土地の私有は極めて歴史の浅い仕組みなのである。

しかも、沽券地の売買に関しては「お披露目」という制度があり、親類縁者に対する譲渡でも近隣から文句が出るなどすると適わないこともあったとか。現在のような、所有権が絶対的な意味を持つ、完全な私有権ではなかったのだ。ちなみにここまででお分かりだろうが、「沽券に関わる」という言葉はこの売却証文が発祥である。

†大地主と貧民――土地所有が偏在した明治期

明治に入り、江戸の旧武家地は当初、殖産興業の見地から桑や茶を植える桑茶政策の対象になったが、同政策は面倒くさい上に、さして収益が上がらなかったのか、あっという間に廃止され、明治五年（一八七二年）には旧武家地、桑茶畑は貸付人に払い下げられ、その証として地券が発行される。土地私有の始まりである。

しかも、当時の土地価格はおそろしく安かった。払い下げは上等地（一〇〇〇坪あたり二五円）、中等地（一〇〇〇坪あたり二〇円）、下等地（一〇〇〇坪あたり一五円）の三種類に分けて行われたが、最も高い上等地でさえ、一坪（三・三㎡）あたり二銭五厘である。明治八年の新橋～品川間の乗車料金が五銭だったから、その半額で土地が一坪買えたことになる。

加えて興味深いのはこの時の土地価格の三ランクは現在とはあまりリンクしていないことだ。現在の東京の地価は西高東低と言われ、台地である西側が高く、低地である東側が安い。だが、明治初期の時点ではそれは逆だった。中心部が高いのは今と同じだが、西側の台地は安く、東側の低地は高い（図1-1）。

これはその当時のまちの開発状況によるもの。江戸時代の重心は江戸城から東にあったわけで、それが関東大震災、第二次世界大戦を経て西へ、西へと移動していく。だが、明治初期の、土地私有化が始まった時点では土地の高低や安全などと価格は無縁。土地の開発状況だけが価格を左右していたことが分かるのである。

ところで土地が私有化されはじめたとはいえ、明治時代に土地を所有していた人たちは非常に偏っていた。当時の東京の宅地の総面積は一一三〇万八一三二坪（約三七三二万㎡、除く国有地）だったが、宅地所有者は二万一一九五人。その中で宅地一万坪以上を所有する大地主が一〇八人おり、彼らの所有土地総面積は二六七万四九七二坪（約八八三万㎡）だった。つまり、一〇〇人余が東京の宅地の約四分の一を所有していたのである。

これに対し、明治四一年（一九〇八年）に幸徳秋水らによって再刊された平民新聞には東京の大地主を攻撃するレポートが発表され、以降、大土地所有者に土地解放を迫る動きが始まる。同時に明治中期以降は貧民の暮らしのレポートも多く出され、そうした資料類

図1-1　払い下げ価格別分布図

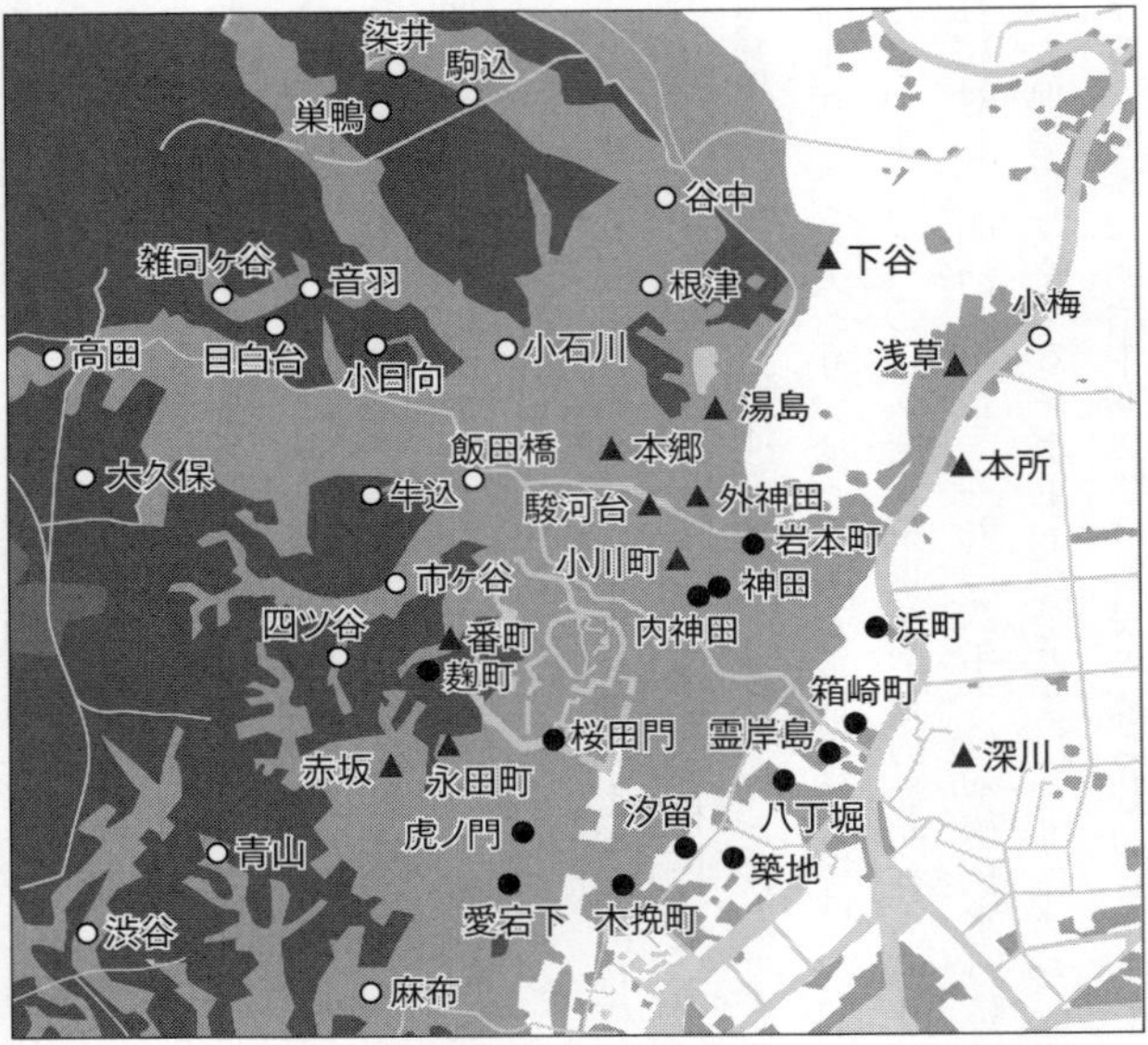

３段階に分けて払い下げられた土地の分布を図化。港区三田（下）、芝（中）などのように遠いために入らなかった地域、神田や江戸城近くで文字が重なる関係から省いた地域、地名が無くなったため、現在の地名に置き換えた地域、町域が変更になっている地域などがあり、位置関係は厳密ではないが、明らかに上等地は江戸城より東にあり、下等地が西に集まっていることが分かる

からは明治に入っても庶民の住宅は江戸期とさほど変わらず、場合によっては悪化していたことが分かる。

特にひどかったのはいわゆる貧民窟と呼ばれたエリアである。明治時代、東京には上野駅近くの下谷万年町、浜松町駅近くの芝新網町、赤坂御所近くの四谷鮫ケ橋に江戸時代以来のスラム街があり、明治三〇年（一八九七年）の調査によると合計で二八〇〇戸弱ほどの長屋があったとされる。今の日本ではスラム街と聞くとアジアのそれを思い浮かべるだろうが、関東大震災で壊滅状態に陥るまでは日本にも同様の一画が存在したのである。

いずれも今からすると都心部の交通面での利便性の高い場所だが、その日暮らしの人々がこの地域に住んでいたのはそれが理由ではない。当時は日本軍が捨てた残飯を回収し、転売する残飯屋という商売があり、四谷には陸軍士官学校があり、芝には海軍大学校があった。その近くに住めば、確実に食べ物（と言うようなものではなかったようだが）にありつける。だからである。下谷万年町は多少異なり、上野駅、浅草に近く、当時貧民街でもっともメジャーな仕事だった車夫が成り立ちやすかったからと言われる。

当時の新聞、書籍などに掲載された写真を見ると住宅とは名ばかり。板で囲われた小屋で悪臭が漂う、湿っぽい、疫病が多発するひどい住環境であったことが推察できるのである。

図1-2　1908年当時の大地主上位10人

1位	三菱合資会社・岩崎久弥・岩崎弥之助	約76万5000㎡
2位	三井銀行及び三井一族	約56万2000㎡
3位	峯島こう・峯島きよ	約36万6000㎡
4位	阿部正恒	約21万6000㎡
5位	渡辺治右衛門	約20万8000㎡
6位	安田銀行および安田善右衛門	約19万㎡
7位	酒井忠道	約17万㎡
8位	徳川茂承	約16万3000㎡
9位	浅野長勲	約15万9000㎡
10位	堀越角次郎	約15万8000㎡

幸徳秋水らによる日刊「平民新聞」がまとめたレポートによる。当時の東京の宅地の総面積は国有地を除いて約3732万㎡とされ、そのうちの４分の１を108人の地主が所有していたという。寡占状態である

一方で明治から大正初期には所有する土地を利用した賃貸経営も始まる。代表的なのは福山藩藩主阿部家の作った文京区の西片町、明治の財閥渡辺家の日暮里渡辺町、三菱財閥岩崎家の駒込大和郷など。そのうちの一部は長らくお屋敷街として、他の宅地に見られないゆったりとした作りを残してきた。残念ながら、ここ二〇～三〇年は相続絡みの土地分割が進み、お屋敷街の面影は徐々に消えつつある。

大正中期以降には爵位保持者の土地解放が行われ、それが分譲されるケースが出てくる。都心近く、今もお屋敷街とされる土地の多くはこの時期に宅地化されており、主なものとしては鍋島公爵の鍋島園（渋谷区松濤周辺）、岩崎家の小石川駕籠町（文京区本駒込周辺）、徳川達道伯爵の駒込林町（文京区千駄木周辺）、池田侯爵の下大崎町、柳原伯爵の麻布桜田町（港区元麻布）、酒井伯爵の牛込矢来町（新宿区矢

来町）、時計王服部家の大森八景園（大田区山王周辺）など。

だが、こうした住宅地に土地を買い、建物を建てられたのはごく一部の人達だった。大正八年（一九一九年）に当時の原内閣が打ち出した社会政策のひとつには小売住宅の増設が挙げられており、同年九月に官僚・学識者が作った団体「都市研究会」は中産階級以下向きの住宅経営を促す決議を出すなど、住環境を整備しようという動きはあった。だが、実際に多くの人が住んでいたのは賃貸住宅だった。

当時の中流階級を対象に東京府社会局が行った「東京市及近隣村中等階級住宅調査」（一九二二年）によれば震災前には賃貸居住が全体の九三％、震災後（一九三〇年）でも旧一五区で七〇・四％が賃貸に住んでいる。

ちなみに、ここでいう中流層とは官吏、警察官、教員、銀行員、電車従業員などとなっており、月収は七〇～二五〇円だった。大正一四年（一九二五年）の大卒初任給が五〇円という時代であり、「日本の成長と教育」（昭和37年度、文部省調査局）によれば人口の二・五％程度しか大学などの高等教育機関に行かなかった時代と考えると、住宅が買えるのもごく限られた人達であったことが分かる。

†田園都市が作った「住宅街観」

大正一二年（一九二三）九月一日の関東大震災を機に東京の重心は高台の、被害が少なかった首都圏の西側へ移動し始める。東高西低から西高東低に変わり始めたのである。以降、首都圏西側に多くの住宅地が開発されるのだが、この時期に作られたまちの特徴を見ると、それが現在の多くの人達のまちの概念の基礎となっていることが分かる。そのうちでも影響力が大きいのは、現在の東急電鉄の前身であり、渋沢栄一が自身の理想を実現すべく作った田園都市株式会社である。極言すれば、この時に作られた田園都市の理想が現在も多くの人のまちに対する考え方の基礎となっているのである。

さて、そのまちづくりの大きなポイントは住環境を最優先し、住むだけのまちを作ろうとしたことである。それを伝えるのは田園都市株式会社が最初に分譲した洗足発売後の、大正一二年（一九二三年）に編集された小冊子「田園都市案内」による住宅地の説明である。

ご存じのように日本の田園都市は欧米の田園都市を真似て作られたとされる。だが、全く異なるのは、欧米の田園都市は住宅地以外に商業地域、工業地域、農業地域が含まれていなければならないとしているのに対し、「田園都市案内」はここで作られる住宅地には工業地域が含まれないとしていることだ。欧米では仕事場と住宅地がセットになって作られていたのに対し、日本では職と住を切り離したものとして作られたのである。

これについては江戸時代から続く低湿地などを中心とした住宅立地、低層住宅しかないための稠密な人口密度に加え、大正期後半からの都心部へのオフィス、工場の集積も影響している。

今からはあまり想像できないが、当時の都心部は工場からの騒音、振動に煤煙、排水などに汚染され、そこに自動車の排気ガスなどが加わって住環境としては劣悪だったのだ。さらに当時の東京は衛生状態が非常に悪く、明治から大正年間にかけてはしばしばコレラが発生した。多い時には一〇万人を超す死者が出たほどで、そこに台風による水害もあった。広々とした高台の、空気の良い場所を切望する気持ちが分かろうというものである。

また、商業地域は作られてはいるものの、住宅地からは離れた場所に用意された。これがよく分かるのは関東の高級住宅街として一世を風靡したことのある大田区田園調布だ。東急東横線の田園調布駅はちょうど地形の変換点に位置し、駅を挟んで高台側は住宅地、低地側は商店街となっている。住宅地へ向かうためには階段を上っていくことから、住宅街は明らかに高台。そして、商店街は駅からの下り坂に沿って広がる、明らかな低地（標高としては高いが、対比すれば低地）なのである。

そして住宅地側には駅前のごく一部を除いては商業施設、自動販売機はほとんどない。住宅地と商業地はぱっきりと分けられているのである。どれだけ静かで清潔な住環境を作ろうとしたかが分かるというものである。

†住環境最優先・利便性無視

今の感覚からすると、買い物に不便ではないかと思われるが、当時はこれでも問題はなかった。理由は二つ。ひとつは当時、住宅を買うくらいの層であれば女中がいるのが普通だったこと。洗足、田園調布などで当時建てられた家の間取り図を見ると、小住宅と称しながらも女中部屋があり、家事専任の雇い人がいたことが分かる。

また、当時は御用聞きに回り、配達をする商店が多く、主婦、女中が自ら買い物に出なくても良かったという事情もある。御用聞きは一九七四年まで連載された漫画サザエさんにも登場しており、戦後もしばらくはそうした店が多かったことが分かる。

友人に一九五三年に一七歳で上京、中野坂上で女中奉公をしていた人がいるが、彼女に聞いたところ、毎朝、魚屋が経木に書かれた本日の品を勝手口に持参、奥さまがそのうちから品を選ぶと、夕方には下ごしらえをした状態で届けられたという。そうした生活が可能なら、商業施設は遠くにあっても問題ないわけだ。

また、住環境では江戸時代以来の庶民が多く居住した低湿地を嫌い、高台の、空気のきれいな場所をアピールした。前述の「田園都市案内」では田園都市の特徴を七点挙げているが、うち冒頭の二点は以下の通り、立地に関する要件である。

①土地高燥にして大気清純なること。
②地質良好にして樹木多きこと。

ちなみに田園都市よりも早く、大正二年（一九一三年）に日本で最初に宅地分譲（ただし、リゾート地という意識が強かったという）された世田谷区桜新町でもほぼ同じような宣伝文句が使われている。

「土地高燥にして空気清く井水清冽、地味頗る豊穣、加えて之の近くは玉川の清流を控へ、遠くは秩父の連山富嶽の秀嶺を仰ぎ（以下略）」

どれだけ江戸時代から明治時代の住環境が嫌われてきたか、そこから脱却したいと望んだかが分かるだろう。

†通勤はお金持ちの道楽？

ただ、こうした形で当時からすると郊外に住宅を求めるのは中流以上の、ある意味贅沢な趣味だった。それが分かるのは関東大震災後に住宅不足に対処するために設立された同潤会が建てた普通住宅に対する反応からである。

同潤会といえば表参道や代官山などにあった集合住宅で有名だが、それ以外にも住宅を作っており、そのひとつの類型が大正一三年度内（一九二四年度）にほぼ完成した、医療機関、職安的な施設の付置された、言ってみれば医職住を考慮した付帯設備のある木造の連棟式住宅である普通住宅（仮住宅と区別するための名称）である。

まとまった土地が確保しにくかったのだろう、普通住宅三七〇〇戸は当時としては郊外の、まだ農村だった地域に建てられた。といっても、そのうちで二〇一六年に建替えが決まった荏原住宅が品川区の西部、東急池上線荏原中延駅から北西に約二五〇～三〇〇mほどの場所にあることを考えると、今の感覚からすると全く遠くはない場所である。

だが、これが当時、不評だった。二〇〇四年に出された内田青蔵著「同潤会に学べ　住まいの思想とそのデザイン」（王国社）によると、大正一四年（一九二五年）四月一二日付けの読売新聞は「数千戸の小住宅がガラあき　面食っている同潤会」と題した記事を掲載しているという。その時点では関東大震災後の住宅不足はある程度解消されており、そこに当時としては交通の不便な場所に建つ、長屋建ての小住宅である。同潤会の普通住宅の平均専有面積は八・七坪（二八・七一㎡）というから、相場より安かったとはいえ狭くもあった。

大正一五年（一九二六年）の時点で一一カ所の住宅数三四七五戸に対し、空き家が九二五戸。およそ二七％が空いていたというから、不人気だったと断言してもよかろう。これにつき、同書で内田氏はこの当時はまだ、低所得者間には交通費を払って郊外に住むという考え方が無かったのだろうと解説している。

「ところで、この普通住宅事業の失敗は、見方を変えれば、低所得者の間に交通費を払いながら郊外に居を構えて通勤するという方法が、まだ受け入れられていなかったことを意味するといえる。言い換えれば、郊外住宅地は、ある一定の収入を擁する都市中間層以上の人々の特有の生活形式として定着していたことが推察されるのである。（以下略）」

つまり、大正末期から昭和初期にかけては、今では当たり前となっている、交通費をかけて通勤しなければならない、郊外の、環境の良い場所に住むという行動は中間層以上の、特別なスタイルだったというわけである。

最後にもうひとつ、この時期に郊外に作られたまちに特徴的な、そして今のまちに失われているものについて書いておこう。この当時の住宅地は何もなかった場所を新たに切り開いて作られていたためもあり、住民には一緒にまちを作って行こうという意識が強かった。そして実際、まちに必要なものの整備を検討、分譲会社と交渉をするための住民組織が作られていた。

たとえば、洗足には洗足会、田園調布には田園調布会、練馬区向山の城南田園住宅には城南住宅組合という組織があり、その他の住宅地にも類似の組織が作られた。それによって、住民は自分たちが望むまちを実現していったのである。

一〇〇年近く経った現在もそのうち、かなりの団体は活動を続けているが、残念ながら往時とは異なり、今の役割はまちを作ることではなく、まちを維持することが主眼。景観、住宅協定遵守を呼びかけ、親睦を深めるなどが中心となっているようである。

†第二次世界大戦後も劣悪な住環境

明治から大正、昭和にかけ、少しずつ土地、住宅所有は進みつつあったものの、それが大きく転換したのは第二次世界大戦後である。ご存じのように、この時、憲法を始めとして日本のあらゆる法制度が変わった。住宅所有に繋がる全体的な転換としては第二次農地改革法によるいわゆる農地改革で農地の所有者が大幅に増えたこと、民法改正で家督相続、長男相続制が廃止されたこと、華族・地主の財産を強制的に取り上げた財産税法などが大きいところだろう。土地を所有する人が増え、財産を相続できる人が増え、その結果として多くの人が住宅を所有できるようになったのである。

もうひとつ、直接に住宅所有を促す政策転換もあった。戦災による住宅不足に対処するため、政府が打ち出した政策がそれである。これは簡単に言えば、低所得層には公営賃貸住宅を、中流層には住宅取得を後押しするというもの。一九五〇年代にはその政策を具体化するため、戦後住宅供給政策の三本柱、公営住宅法、住宅金融公庫法、日本住宅公団法が施行されている。公営住宅法は低所得層向けの公的住宅供給のための、残り二法は中流層の住宅取得を後押しするための法である。

もちろん、それで住宅不足が解消したわけではない。数の上では終戦から二三年後の一九六八年には住宅ストックは世帯数を上回るようになっているが、そのうちには狭く、粗末な住宅も多く含まれていた。一九六三年に出された第一次国民生活向上対策審議会の答申には、そのあたりの事情が詳細に記されている。

それによると戦後の住宅不足に対処するため、国は国庫補助による低家賃住宅を供給する公営住宅政策を発足させたが、その供給量は年間約五万戸の水準で、当面の年間新規住宅需要の一〇分の一程度。低利の資金を融通する住宅金融公庫、政府資金のほか民間資金をも導入して住宅供給を行なう日本住宅公団等が設立され、公営住宅よりも高い収入層を対象とする賃貸、分譲等の住宅供給が遂次実施したものの、これらを合計した、いわゆる政府施策住宅は全住宅供給量の四割弱。全く足りていなかったのである。その上、給料の伸びよりも建築費、地代、地価が高騰し、当時の東京では家を建てるのに月収の九三カ月分（年収の七・七五倍）が必要だったという。

一方で戦後しばらくは借家経営が成り立たない状態が続いていた。戦前から引き続き家賃が統制されていたため、必要な家賃を得られない上に、その家賃でさえ負担できない人が多かったためである。その結果、貸家供給はストップ、借家を手放した人も少なくなかった。住宅難に直面した人達は自力で建設する、購入するしかなく、手放された借家が持ち家に変わることも多かったようだ。

結果、戦前には二四大都市で二二％だった持家比率は昭和三〇年（一九五五年）には全国都市で六三％にまで上昇する。だが、その質は狭くて粗末と同答申は酷評している。住宅そのものが低レベルなばかりではない。立地、住環境にも問題があった。都心から遠く離れて都市サービス施設のないところに無秩序に建設されている、法規の制限など無視して十分な空き地も取らず、日当たり通風は無論のこと、災害時における危険性など顧みず建設されているなどなど、様々な様相が例示されており、江戸期以降、庶民の住宅、住環境の質は相変わらず、低レベルのままだったことが分かる。

†昭和三〇年代という断層

しかし、今から見れば低レベルだとしても、それより悪かった前の時代からすれば、どんなものであれ、土地、住宅を取得できる、自分のモノにできるかもしれないという感覚は人を高揚させたのだろう。日本では昭和三〇年代以降、住宅取得熱が高まっていく。

そしてまた、昭和三〇年代は日本の国土、生活、まちが大きく変わった時代である。それぞれは分かち難く結びついてはいるものだが、ここではどのようなことが起きていたのかを簡単にまとめて行く。

意識していただきたいのは、昭和三〇年代に作られたまちや住宅には目の前の問題に対処する方途の意味が強く、決して長期的展望を持っていたわけではないということだ。長らく続く住宅難、望ましいとは言えない住環境をなんとかしたい、とにかく家をという、ある種熱病的な勢いがまちを作り、家を建てさせた、そんな時代だったということである。

断層① 土地は人間サマが造成する時代へ

国土の七割余が山地、丘陵で、かつ国土の三分の二が森林という日本では住宅好適地が少ない。それでも人間が少なく、技術の無かった時代には人間は自然に合わせて暮らすしかなかった。土地利用はその代表格である。かつては土地は高低に合わせて利用するもので、高い土地には畑を作り、人が住み、低い土地には田を作った。

だが、戦後の、人口増の時代にはそのやり方では土地が足りない。そこで昭和三〇年代以降、土地を埋立て、造成して住宅や工場その他を配した。人間が自然に合わせるのではなく、自然を人間の都合に合わせるようにしたというわけだ。

この時期の大規模な国土の改変は旧版地図を見ることで実感できる。昭和三〇年代以前、以後を見比べると、あったはずの崖が無くなっていたり、池が埋立てられていたりという場所をそこここに見つけることができるのだ。

今でなら、土地造成の際に生ずる危険について私達は多くを学んでいる。しかし、昭和三〇年代の埋立て、造成はそこまで安全に配慮されていない。当時は適切な擁壁、締固めをせずに造成されていたのだろう、崖崩れが多々起こっており、それを防止するために一九六一年、宅地造成等規制法が制定されている。

その後は緩やかな斜面にひな壇上に宅地を整備するやり方が主流になるが、だからといって造成地が安全になったわけではないことは、その後の地震や豪雨その他の自然災害で造成地が度々被害を受けていることからも分かる。法に基づいて作られていてさえ、被害を受けるのである。法以前の宅地については言わずもがなである。

特に今後、人口が減り、それほど条件の悪い場所に住まなくても良くなれば、こうした造成地のうち、坂の多い傾斜地などは徐々に敬遠される可能性がある。実際昭和三〇年代に開発された住宅地のうち、神奈川県、多摩地区などの高台に作られた地域では周囲に比べ空き家率、高齢化率が高いなどの現象が生じている。

断層② 建物高層化への布石

土地利用、風景への影響が大きい、建築物の高層化への道が開かれたのも一九六三年である。大正九年（一九二〇年）に施行された、現行建築基準法の前身である市街地建築物法は住居地域で六五尺（のちに二〇m）、それ以外の地域で一〇〇尺（三一m）と建物の絶対高さを制限しており、都心であってもスカイラインは揃えられていた。

ところが、その後一九五〇年代以降のビルブーム、住宅不足解消のための高層アパートのニーズなどから建物の高さ制限廃止への声が上がった。そして一九六三年に建築基準法の改正が行われ、容積地区制度が創設され、環状六号線以内の地区は容積制へ移行。その後、一九七〇年の建築基準法改正で第一種住居専用地域の高さ一〇mの制限を残し、それ以外の用途地域における絶対高さ制限は撤廃されることになる。

この改正後に最初に建てられたのが我が国最初の高層ビルである霞が関ビルだ。高さ一四七m、三六階建ての同ビル建設の記録はテレビ放映もされており、我が国建築物高層化への最初の一歩として広く記憶されている。

その後、一九八三年の中曽根首相による都市開発に関する規制緩和指示、一九九七年の高層住居誘導地区計画制度創設や共同住宅の共用部分の容積率不算入、二〇〇二年の都市再生緊急整備地区制度の創設など、何度もに及ぶ規制緩和が繰り返され、現在も高層建築物は増え続けている。

都心のスカイラインはもちろん、住宅地内のスカイラインも大きく変化しており、一戸建て中心の住宅街の隣に、商店街を潰して、タワーマンションが建つ。もちろん、すべてが悪いとは言わないが、それまでのまちを物理的に、精神的に分断するようなケースもあり、今後のまちを考えるにあたっては、巨大建築物の影響を無視するわけにはいかない。

また、タワーマンションは所有者が多いために合意形成が難しく、解体費用・再建設費用が多額に上ること、すでに容積率を使い切っているケースが多いため、建替えても資金源となる余剰床が出ないことなどを考えると、建替えは至難。築年数を経たタワーマンションの集まっている地域が現在のまま、活気を保ち続けられるかは疑問がある。

断層③ 徒歩から車へ

自動車の普及もまち、暮らしを大きく変えた。日本経済は一九五五年から一九七〇年にかけ、年平均名目経済成長率で一五%という異常とも言えるスピードで成長しているが、それと軌を一にして個人消費も急速な拡大を遂げた。

自動車の販売台数も急増した。一九六五年に五九万台だった販売台数は一九七〇年には二三七万台と、年平均で三二％もの成長を記録しているのである。国内の自動車保有台数は、一九六五年の六三〇万台から、わずか二年後の一九六七年に一〇〇〇万台を突破。生産台数自体でも一九六七年には西ドイツを抜いて世界第二位となっている。

自分の足あるいは公共交通に頼らざるを得なかった時代に比べ、移動ははるかに容易になり、行動範囲は広がった。それにより、様々なことが起こったのはご存じの通り。地方から都会へ人が移動するようになり、都会への人口集中が進んだ。郊外が開発されるようになり、近郊には多くの住宅地が誕生した。その住宅地への途上、ロードサイドに大型店が集まるようになり、かつての中心街にあった商店街が集客に悩むようになり、駐車場のない中心部は以降、疲弊が激しくなる。

こうした傾向はいまだに続いており、人口減少、高齢者増加などの要因と相まって新しい問題を引き起こしている。中心市街地に空き家を放置したまま、無秩序に郊外に広がる宅地の、点在する人口を支える行政コストをどうするか、人口の減った郊外から大型店が撤退、疲弊した中心街しかないまちの利便性をどう維持するか……。特に首都圏でも郊外の自治体では、とにかく人口を呼び込みたいとの意識から宅地化を拒んできた地域の規制を緩和。そこに人口動態を無視した相続税対策のアパートが建設され、空き家化されと、問題は広がり続けており、この現象がまちを滅ぼす可能性も否定できないところがある。

断層④　団地の誕生と職住分離

モータリゼーションの進展に触れた流れで、住宅地の郊外化、わけても団地、ニュータウンの誕生について触れておこう。

日本住宅公団が生まれたのは一九五五年。耐火性能の高い、安全、衛生的な住宅を大量に建設、それを賃貸、分譲双方の形式で供給することを目的とし、ニュータウンと呼ばれる新市街地を数多く造成した。実際の供給が始まったのは一九五六年からだ。

初年の大阪府堺市の金岡団地、東京都三鷹市の牟礼団地などに始まり、首都圏近郊では千葉県柏市の光ヶ丘団地（現グリーンタウン光ヶ丘）、東京都日野市の多摩平団地（現多摩平の森）、東京都西東京市のひばりが丘団地（現ひばりが丘パークヒルズ）など一〇〇〇戸、二〇〇〇戸といった大きな団地が次々に供給されている。

また、その後、一九六〇年代以降には関西の千里ニュータウン、泉北ニュータウンに続き、首都圏でも多摩ニュータウン、千葉ニュータウン、港北ニュータウンなどが建設され、初期には非常な人気を誇った。

同時期には都県などの住宅供給公社や県及び市が公営住宅を建てており、鉄道事業者その他の民間事業者も参入、競って郊外住宅街の開発を行っている。当時、開発がスタート、多くの人に知られている宅地開発のひとつが多摩田園都市である。最初に区画整理が始まった青葉台駅南側は一九六一年にスタートしており、以降営々と開発が続けられていく。

これらの団地、ニュータウンは私達の住宅、まちに対する考えに大きな影響を与えている。そのうちのひとつは職住の分離である。職人、商人の多かった江戸時代は職住は一緒あるいは近接であったし、明治、大正になってオフィスで働く人が増えはしたものの、全体としては職住はそれほど離れてはいない。同潤会が作った連棟式木造住宅が不人気だったのは通勤にかける時間、費用が無駄と思われたからだとは前項で書いた通りである。

それがきれいに分離され始めたのは昭和三〇年代以降だ。オフィスワーカーが増え、都心の職場近くに住宅適地がないとしたら、その人たちのための住宅は郊外に作るしかない。実際、団地、ニュータウンは山野を切り開き、大量に作られたのである。場合によっては根岸線のように団地のために鉄道が敷かれることがあったほどである。

そこで職住は切り分けられ、働く場所は都心近くに、そして、住む場所は郊外に配されることになった。場所が分離されるだけでなく、距離も広がっていった時代である。

この過程でまちは単純化されていく。そもそも、何もないところに作られているわけだから、自然に発生したまちと違い、人間が人為的に作ったものしか存在しないのは当然。

住宅と最低限の商業施設、公共施設だけになるわけである。

よく、こうした郊外の街をベッドタウンという和製英語で表現するが、寝に帰るだけのまち、これはまことに的を射た言葉である。スーパーその他の販売業、サービス業はあるものの、まちに独自の産業基盤はなく、昼間人口は極端に少ない。夜の、寝ている時間しか滞在しないから、まちと関わることはなく、愛着、関心を持つこともない。団地、ニュータウンに限らず、郊外の住宅のために開発されたまちはどこもこうした特徴を持つ。

昭和三〇～四〇年代に開発され、開発初期に商業施設、都心への交通が不便だった地域では住民が不便さを乗り越えるために団結、食品の共同購入を行ったり、地域の課題に取り組むケースも見られた。昭和初期の田園都市同様に入居者間の親睦が図られていたエリアもないではなかった。だが、入居者の高齢化に伴い、そうした動きは下火になっている。

断層⑤ 専業主婦・プライバシーの誕生

専業主婦が一般化したのもこの時代である。男性が仕事、女性が家事という役割分担は会社員という働き方が生まれた明治、大正時代以前からもあったものだが、働く場と生活の場が離れて行くに従い、より分業が進んでいく。経済が成長し、収入が増えていく時代であれば、役割を分けたほうが効率的だったのだ。もちろん、男性一人の収入でも十分に家族を養っていけた時代でもあった。

こうしてみると、高度経済成長期は分業して、専念して効率的に進めるということがあらゆる意味で求められた時代だった。住宅地とオフィス街しかり、男性＝仕事、女性＝家事しかり。誰が何をやる、どこで何をやるかが明確に定められていたわけである。

だが、一九九七年以降、日本人の平均年収は減り続けており、非正規雇用が増えていることを考えるとかつてのように男性一人で家庭を支えられる世帯はどんどん少数派になっていく。奇しくも日本人の年収が減り始めたとほぼ同時に働く主婦のいる世帯が専業主婦世帯を上回って以来、女性が働くのは当然のことと見なされるようになりつつある。当然、専業主婦を前提に作られた団地が当時のままで良いわけはない。

団地などに代表される集合住宅は核家族化を進展させたと言われるが、もうひとつ、あの鉄の扉が庶民に初めてプライバシーをもたらしたことも指摘しておきたい。伝統的な日本の家屋は障子や襖といった、音を伝えやすい軽い建具で仕切られており、それに比べると重い鉄筋コンクリート造はある種の密室。厚いコンクリートの壁で各戸は独立しており、扉を閉めれば外からの音は聞こえず、内部の言葉は伝わらない。

しかも、その内側にはかつてのように、舅、姑のように、妙な利害関係というか、力関係のある人達はおらず、いるのは親と子という密接な関係の家族だけである。かつて三世代同居などで鬱屈した思いをしてきた人たちからすれば、どれほど精神的に快適で、ストレスのない住まいだったかは想像に難くない。

だが、それは一方で周囲と切り離された、ある意味、家族単位での引きこもりといった状況を生んでもいく。子育ても介護も密室の中で行われることになり、特に二〇〇五年に全面施行された個人情報保護法はそれに拍車をかけた。他を意識しなくても良い、心地よい空間としての箱は、家族を孤立させ、閉じ込める箱でもあったのである。

家族を巡るトラブルのうちに周囲に助けを求められずに悲惨な結末に至っている例が少なくないことを考えると、プライバシーという名のもとの孤立には何か、問題があるのではないかと思うのである。

断層⑥ 家族中心の間取りが一般化

家族関係、家族と対社会という意味では団地の間取りにも注目したい。明治期以降の日本の住宅の多くは武家屋敷の作りを真似て作られており、よほどに狭い長屋でない限り、座敷や客間など家長、客用の空間を住宅内の条件の良い場所に設けた。ハレ、言い換えれば体面を重視、家族の日常を軽視していたわけだが、団地の間取りはそうはなっていない。面積が限られていたこともあるが、団地の二ＤＫは居室二室に家族の食事室であるＤＫ

図1-3　蓮根団地の内装と間取図

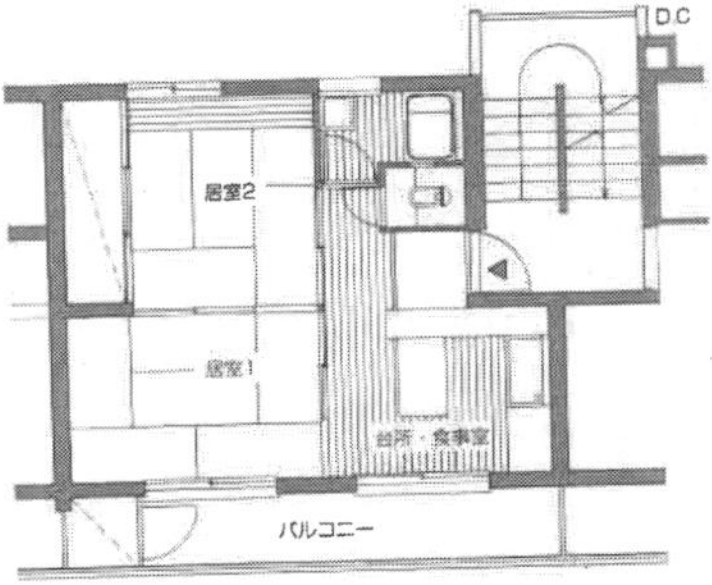

2DK

S=1/150

日本住宅公団がはじめて作った代表的な住宅、蓮根団地の間取りとURの集合住宅歴史館に移築された当時の室内。約33㎡の2DKであるから成り立っている。家族の居場所が中心で、現在のマンションの間取りも基本、思想としてはこれに倣っている。最近ではキッチンが中心になるような間取りもあり、家族の日常を住宅の中心に据えるという形はここに原型があるといえる。よく言われるように、団地の間取りは食寝の分離、テーブルと椅子を主体とした生活の普及などにも寄与している。ただし、集合住宅ではこうした間取りが中心になっているものの、一戸建てでは相変わらず、客間、応接間のある間取りが多く、それが家族の居場所中心になっていくのは昭和の終わりから平成以降である。

断層⑦ 団地は近未来の火種を抱えていた

このように団地には今の社会に繋がる部分も多数ある一方で、ほんの少し先の社会の変化を読めていなかった部分もある。たとえばモータリゼーションが進みつつある社会であったにも関わらず、多くの団地では当初、駐車場が作られていなかった。

専業主婦が一般化した時代だったからだろう、その後、わずか三〇数年後には働く主婦のほうが多くなることも想定されていない。スーパーが登場、買い物事情が変わり始めた時代であったにも関わらず、団地一階などに誘致されたのは個人商店だった。

それ以上に大きなミスは狭い住宅が多かったことである。たとえば多摩ニュータウン初期に分譲された住戸ではファミリータイプで五〇㎡前後というコンパクトなものが主流。その後、徐々に面積は広くなり、一九七八年には分譲物件で平均専有面積が八〇㎡を越えるようになってくるが、それまでの間は子どもが生まれると引っ越しを考えたくなる間取りも少なくなかったのである。

そのため、子どもが成長し、働くようになると団地、ニュータウンを離れ、戻ってくることはなかった。団地、ニュータウンには高齢化する親世代だけが取り残されていくのである。この問題は当初、狭さ故とされたが、共働きが主流になった今では、遠さも大きく関与している。働いて子育てする世帯は通勤に時間をかけていたら生活が成り立たない。その意味で通勤時間が一時間以上になるような立地は敬遠されるのだ。

もうひとつ、団地、ニュータウンを作った人達が読み違えていたのは、日本人が意外に引っ越しを好まない人達であるということだ。公団住宅等の公営住宅は欧米の住宅を手本に作られており、住む人の行動もそれに倣って想定していたところがある。ある一定の期間で住み替えていくだろうと踏んでいたのである。だから、当初は狭い住宅でも良いと。だが、日本人の多くは一度居を構えたら、あまり引っ越さない。

一九七〇年前後から景気の良かった時代には住宅すごろくのような言葉が流行り、住宅をステップアップしていくことが目標とされたが、それは少し後のこと。この時代にはまだ住宅ローンも使い勝手が悪く、転職もそう一般的ではなかった。そうしたこともあって狭くても我慢して住み続けた人が多かったのではなかろうか。だが、住宅余りの時代に生きる人にとって団地、ニュータウンは建替えられているなどの場所を除けば、積極的に選ぶものではなくなってきているようだ。

以上、団地、ニュータウンが職住分離、街の単機能化、プライバシーの創出、家族の暮らしを中心に据えた間取りなどを生み出してきたこと、そのうちの幾分かが現在の暮らしとそぐわなくなってきたことを見てきたが、それは逆に団地、ニュータウンにこれからのヒントがあるということでもある。まちの疲弊ということでいえば、団地、ニュータウンは一般的なまちよりも早く疲弊し、高齢化が進んでいる。そこでまちを再生するために何が行われているかをみれば、これからへの糸口が見えるかもしれないのである。

断層⑧　住宅工業化の時代

住宅が工業製品化し始めるのも昭和三〇年代からである。最初に住宅営団（戦前に同潤会の事業を引き継ぐ形で設立され、戦後解体。その後の日本住宅公団に大きな影響を与えた）が木製パネル式組立住宅の開発、施策を行ったのは戦争前の一九四一年だったが、動きが本格化するのは戦後になってから。

一九四六年には戦後の住宅不足の中、早くも工場生産住宅協会が発足し、一九四七年には戦災復興院が簡易コンクリート造住宅基準を作成、それに基づいて一九四九年には組立鉄筋コンクリート構造の試作第一棟が完成してもいる。また、一九五五年には日本軽量鉄骨建築協会が設立され、研究開発及び試作施策が行われた。

実際の商品としては鉄鋼系プレハブ住宅が発売されたのは一九五九年のこと。大和ハウスから発売された住宅、ミゼットハウスは戦後のベビーブームで生まれた、自分の部屋が持てない子どもたちのために、安くて、安全で、独立した勉強部屋を提供しようと誕生したもの。わずか三時間で出来上がること、全国のデパートで展示販売するという画期的で分かりやすい方法で販売されたこと、一〇万円からという一般家庭でも買える値段だったことなどから大ヒット。のちの一戸建てとしてのプレハブ住宅の嚆矢となった。

また、この時代にはアルミサッシ、ユニットバス、ステンレスキッチン、換気扇など住宅部材の工業化も始まっている。ちなみに一九五八年の換気扇の誕生によって炒め物、中華料理が家庭でも作られるものになったという。今の日本の家庭では炒め物はごく普通の、ありふれた料理のひとつだが、換気扇がない時代には家で作る品ではなかったのである。

家が足りない時代に安く、早く、多くの住宅を提供するという意味で工業化住宅の意義は大きかった。だが、一方で従前は人の手で作られる品であり、手を加えることもできる品であった住宅が家電製品同様に工業製品、消費財と認識されるようにもなった。

それにより、多くの人は家に関心を持たなくなり、関与しなくなった。また、消費財なのだからと経年で劣化するのは当然と認識されることにもなる。住宅の価値は新築時、購入時が最も高く、以降減価していくのが当然というわけだ。

ここに建物の価値を評価できない金融機関が加わる。多くの場合、新築物件購入時の住宅ローンの審査基準は購入するモノではなく、借りる人ベースである。建物の価値を評価して貸すのではなく、借りる人の返済能力を見て、いくらまでなら貸せると判断するのである。中古の場合も買いたい人がおり、その人に返済能力があればそれなりに借りられるケースがあるが、中古住宅を査定だけするとなると無力なのだ。

二〇一五年四月の経済産業省の報告書「リフォーム市場活性化のための金融機関と住宅関連事業者の連携に向けて」によると、「金融機関は、ローンの提供において、建物の築年数等の一般的な情報を確認しているが、自らが精緻な建物価値の評価を行うまでには至っていないのが現状である」とされている。金融機関には建物の価値は分からないので、法人税法上の耐用年数という無縁の数字をもって木造戸建て住宅は築二〇~二五年で建物の市場価値ゼロと判断するのである。

こうしたいくらローンを払っても払い終わった頃には価値がなくなる住宅に愛着を持ち、

図1-4　滅失住宅の平均築後年数の国際比較

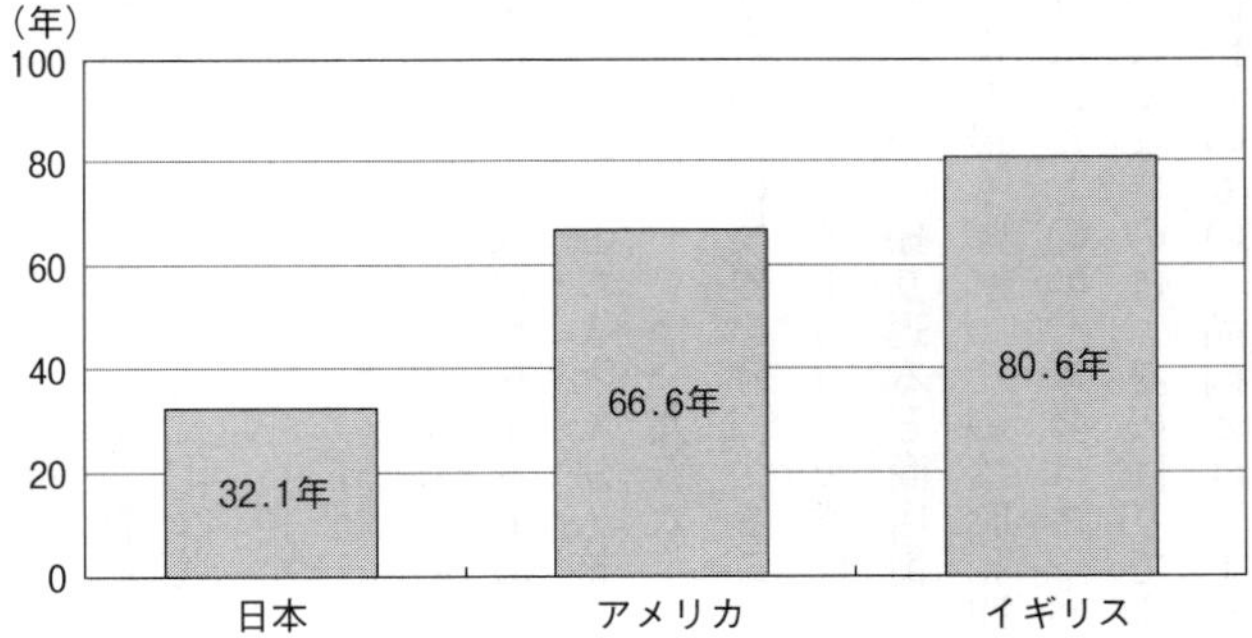

出典：日本：総務省「平成20年、平成25年住宅・土地統計調査」（データ：2008年、2013年）
アメリカ：U.S.Census Bureau「American Housing Survey 2003、2009」（データ：2003年、2009年） http://www.census.gov/
イギリス（イングランド）：Communities and Local Government「2001/02，2007/08 Survey of English Housing」（データ：2001年、2007年） http://www.communities.gov.uk/　より国土交通省推計

大事にしようと思うのは難しい。我が家にすら愛着がないのに、その土地に愛着を持つのはさらに難しい。ことに忙しく働き、我が家には寝に帰るだけという人達にとって住んでいるまちはたまたま住んでいる街であり、そこに関心、愛着があることは少ない。

断層⑨　商店街・スーパーの誕生

昭和三〇年代はまちの利便性、風景に大きな影響を持つ商店街が転換期を迎え、スーパーが誕生した時代でもある。まず、商店街を見ていこう。「商店が集まっている地域」としての商店街はそれ以前からあった。しかし、法人としての商店街を可能にしたのは一九六二年の商店街振興組合法である。中小小売業の組織化に当たっては一九四九年に制定された中小企業等協同組合法もあったが、同業種の組織化をメインとする同法は商店街には馴染みにくい。そのため、組合による法人化は進んでいなかった。

そんな中、一九五九年に伊勢湾台風が愛知県に大きな被害をもたらす。復興にあたっては商店街の復旧が喫緊の課題とされたが、任意団体では公的な助成の受け皿にはならない。そこで商店街を法人化するための法が模索され、上記の法制定に繋がった。商店街という言葉に多くの人が想起するであろう、アーケードや照明・舗装の整備された通りや各種イベントはこの法によって法人格を取得することで可能になったのである。

一方のスーパーは一九五六年に西友の前身となる西武ストアーが設立され、一九五七年にはその後の業界を牽引することになるダイエーが創業。一九五八年に創業したイトーヨーカ堂の前身であるヨーカ堂は一九六一年以降、直営店を増やし始めている。

だが、今、振り返ると商店街にせよ、スーパーにせよ、黄金期は実に短かった。多くの商店街が最も賑わったのは昭和四〇～五〇年代で、その後しばらくは大型店とのバトルを繰り広げたものの、以降はスーパーに客を奪われ、現在、シャッター商店街化している例が少なくないのは、身の回りでよく見るところ。

価格そのもの、品揃えはスーパーにはかなわないし、接客ノウハウ、専門知識がない商店主の生き残りは難しい。家族経営で他人への事業継承を嫌がる傾向も衰退に拍車をかけている。一部に頑張る商店街があるにしても、商店街全体で生き残りを考えられなければ今後、残っていくことは難しい。

前述の商店街振興組合法にはまちづくりを狙いとした部分があったと二〇〇八年の「商店街振興組合法の成立過程とその意義」(名古屋学院大学総合研究所・濵満久氏)は書いているが、残念ながら、その主旨が現在の商店街運営に生かされているとは言い難いのである。

だが、まちの将来を考えるにあたっては、もし、それを意識する商店街があればと思う部分は多々ある。まちに関わるプレイヤーのうちで、もっとも組織化されているのが商店街だからである。商店街の意識が変われば、まちも変わりうる可能性があるのである。

スーパーに関しても一九八〇年に日本の小売業で初の年間売上高一兆円を突破するなど一時代を築いたダイエーの名が消滅寸前であることからも分かるように、わずか数十年で激変である。現時点では二強とされるセブン&アイ、イオンにしても総合スーパー事業では業績不振が続いているのはご存じの通り。

その代わりに現在、まちの利便性を担保しているのは一九七〇年前後に登場したコンビニエンスストアだ。一九六〇年代後半に急成長したスーパーが地元商店街との共存共栄を図る必要と、大型店では調整が難しい場所への出店のために始めたとされる新業態だが、登場以来再編を繰り返しつつも、売上はいまだ上昇中。最近では生鮮食料品を置く店舗など多様化もあり、まちには欠かせない存在になっている。

断層⑩ 町名変更で歴史を切り捨て

東日本大震災、二〇一四年の豪雨による広島県での土砂災害などを経て、地名がまちの地形や歴史を表すものであることが知られるようになったが、その歴史を軽視、分かりやすさを優先した機械的にも思える町名変更が行われたのも昭和三〇年代である。その根拠となったのは一九六二年五月一〇日から施行された「住居表示に関する法律」だ。

この法律に関しては反発する声が多く、いくつかは訴訟に発展している。たとえば、一九六五年には、文京区向ヶ丘弥生町二番地、三番地の住民が、根津一丁目への編入を不服として、町区域名称変更処分の取消しを求める訴えを提起している。この訴訟には原告として当時東京大学法学部長だった団藤重光氏、同じく東北大学名誉教授だった勝本正晃氏や詩人サトウハチロー氏などが加わっており、耳目を集めることになった。その後も、東京の当時の特別区内では、町界や町名変更の取消しを求める訴訟が数件提起されている。

これに対し、一九七三年の、目白での地名を巡る訴訟に対する最高裁判決は非常に冷たく、地名は単なる便宜的なものであり、住民に町名をどうこう言うような権利はないと断じた。郵便配達時、納税時その他に効率的なら、まちの歴史などどうでも良いというのだ。

しかし、裁判での結果とは別に反省も起こっている。一九六五年六月に当時の自治省が出した「街区方式による住居表示の実施基準」の運用に関する通知は、「関係住民の意向をも尊重するように配慮すること」、町の規模について「地域社会の実態についても配慮すること」などとされており、歴史を無視した機械的な町名、町域変更を戒めている。

また、一九六六年一一月には時の内閣総理大臣佐藤榮作の指示を受け、官房長官愛知揆一が記者会見で「お役所の画一的な運用で歴史的、文化的な町名が失われることのないよう自治省に注意を促す」と述べてもいる。

この問題が最終的に決着を見たのは一九八五年。一九八四年に発足した、住居表示法の改正を目指す超党派の「地名保存議員連盟」がまとめた住居表示法の第二次改正案が衆議院地方行政委員会から提出され、成立したのである。この第二次改正案は町名等は地域の歴史、伝統、文化などを承継するものとしており、住居表示の実施にあたって旧来の町名をより一層尊重し、従来の名称に準拠することを基本とすることなどを求めている。

だが、その後の市町村合併で消えた地名が少なくないこと、新たに誕生した地名がひらがな、カタカナまじりで歴史を反映していないことなどを考えると、本当に地名＝歴史でかは微妙なところもある。

あること、それが土地への愛着を生むことが多くの人、行政などに認識されているかどう

断層⑪ 東京はオリンピックで大変貌

最後に東京の変化を付け加えておこう。東京はこの間に他の地域よりも大きく変わった。前回の東京オリンピックがあったからである。

しかも、一九五九年の開催決定から一九六四年一〇月の開催までは約五年間。それだけの短期間で大改造が行われたのである。オリンピック開催決定直前の都知事選挙で当選した、IOC委員の経験もある東龍太郎はオリンピックを東京再生の第一歩と位置付けた。

「もとより、東京の改造は、二年や三年でやりとげられる程なまやさしくはない。しかし、その突破口をいま開かねばならないのなら、劇的なオリンピックの開催をきっかけに、劇的な東京の再生の第一歩を進めたいと私は思うのである」(『オリンピック』わせだ書房)。

普通だったら長期に及ぶ改造を、オリンピックを口実に短期で進める。国も同じことを考えており、オリンピック開催前年の経済白書のタイトルは「先進国への道」だった。オリンピックを、東京を契機に我が国を飛躍させるという意図が分かるというものである。

では、何が変わったか。

ひとつは交通インフラの整備である。国家予算が約三兆三〇〇〇億円という時代に、大会経費として投じられたのは約一兆八〇〇〇億円で、そのうち、大会の直接経費は三〇〇億円弱だけ。残りの予算のうち、約一兆円は東海道新幹線建設（三八〇〇億円）、地下鉄整備（一九〇〇億円）、道路整備（一七五〇億円）など、都市基盤の整備に使われたのである。

具体的には首都高速では羽田空港と都心を結ぶ一号線、都心と神宮外苑の本会場、代々木の選手村、NHK放送センターを結ぶ四号線、地下鉄では以前から工事が進んでいた丸ノ内線、開催が決まってから着工した日比谷線が全面開通している。また、東京モノレールも開催直前に開通した。道路ではそれまで工事が遅延していた環状七号線を始め、国道二四六号の赤坂見附からの拡幅などが主なところである。

このうちでも大きく風景を変えたのは首都高速。用地取得に時間をかけていられないため、公用地である河川を利用したのである。都心の河川は関東大震災後、第二次世界大戦後に瓦礫で徐々に埋め立てられてきたが、その息の根を止めることになったのが東京オリンピックだったのである。都心部の川の多くはこの時期までに姿を消し、江戸時代にベネツィアにも譬えられた風景は今、見る影もない。

地域のイメージも変わった。前回のオリンピックでメイン会場となったのは代々木・神宮エリアと世田谷の駒沢エリアである。そのうち、代々木会場は戦後GHQによって接収された九二万四〇〇〇㎡にも及ぶ広大な土地で、オリンピックを機に返還され、現在は代々木公園などとなっている。これによって都心には広大な森林が登場、都内の公園面積は代々木公園の誕生で二〇％近く上がったとも言われるほどだ。

駒沢エリアも同様で、現在は広大な緑が広がる駒沢公園となっており、それがこの二エリアを人気の地にしている。オリンピックの遺産がまちの人気を左右しているのだ。

表参道、渋谷もオリンピックを期に人気の出たまちのひとつ。特に渋谷はオリンピック以前も繁華街ではあったものの、まちを分断するように川が流れており、少し離れれば農村風景も残っていた場所だ。それが国道二四六号の拡幅、宇田川の暗渠化、まちの区画整備などで変貌。今の近代的な商業エリアに変わるきっかけとなったのである。

まちの風景の変化でいえば、都心部でのホテル建設ラッシュも挙げられる。開催決定当時、東京はホテル不足と言われており、オリンピックを目標にホテルニューオータニ、パレスホテル、ホテルオークラなど、東京を代表するようなホテルが次々に開業している。ちなみに今では一般的なユニットバスが開発されたのも東京オリンピックのため。開幕に合わせるため、一年五カ月という短期間で建設せざるを得なかったホテルニューオータニの工期短縮のために開発されたもので、これにより、これまで一室分作るのに一カ月以上かかった浴室の施工を、一〇〇〇室以上あるにも関わらず、わずか三カ月半で終わらせられたという。そこで開発された技術がいまや、日本の大半の住宅で使われているわけだ。

もうひとつ、この時期には多くの、現在ではヴィンテージマンションと呼ばれる、高品質、好立地の集合住宅も建てられた。たとえば、物件名に初めてマンションという言葉を冠した青山第一マンションズ（一九六〇年。二〇〇三年に建替え）、日本初のデザイナーズマンション、ビラ・ビアンカ（一九六四年）、充実した設備とホテル並みの快適さを誇るコープ・オリンピア、その後に続くシリーズの多くがヴィンテージとされるホーマットシリーズの第一号ホーマット・インペリアル（いずれも一九六五年）、そして代官山の代名詞とも言える代官山ヒルサイドテラス（一九六九年）などなど。

これらの住宅は、これまでにない広さ、施設、サービスが付帯する住宅が世に存在することを知らしめ、以降の住宅観に影響を与え続けてもいる。

†不動産は儲かるという刷り込み

高度経済成長期から二度のオイルショック、世界同時不況などを経て、次に日本のまちと暮らしが大きく変わったのは一九八六年一二月から一九九一年二月にかけての、いわゆるバブル経済の時期である。みるみるうちに不動産価格が高騰、当時青山に住んでいた私は一週間に一〇〇万円ずつ価格が上がるワンルームマンションのチラシを茫然と見ていた

図1-5　JR原宿駅前にそびえるコープ・オリンピア

何度か建替え計画は出ているが、今のところ使われ続けている。

ことを思い出す。この不動産価格高騰は現在にまで続くマイナスを生み出した。

ひとつは不動産はラクして儲かる、値上がりするという刷り込みである。特にそれを印象付けたのはバブル直前の一九八四年から一九八六年に竣工した広尾ガーデンヒルズの成功だ。バブル前の割安感のあった値付けだったこともあり、最高倍率二〇〇倍以上という部屋もあったほどの勢いで完売。その後、数倍以上に値上がりし、現在も竣工時より高値で取引される。あれを見ていた人が不動産は値上がりすると思うのは無理もない。

実際、不動産投資が本格的にビジネ

スとして成立するようになったのはこの時代から。不動産投資は古くからあるビジネスのように思っているかもしれないが、バブル期以前の賃貸経営は土地を持っている人がそこに賃貸住宅を建てるケースが主流だった。しかし、バブル期に節税目的のワンルーム投資が登場、サラリーマン大家が急増したのである。

同時に土地所有者に対してアパート建設を持ちかける例も増えた。それまで個人で清掃その他の管理をしていた土地所有者からすると、そんなに建てても手が足りない。ためらう大家さんをハウスメーカー、不動産会社は「全部、ウチで面倒を見ます、大家さんは何もしなくていい」と口説いた。ラクして儲かる、それが不動産投資であると喧伝した。

その結果、現在の、個人の大家の大半は素人だ。自分で経営するつもりも、リスクを取るつもりもなく、利益だけを取りたいと考える人が多く、空室を埋める努力もしない。建てれば埋まった三〇年前と違い、今は新築ですらニーズに遭っていなければ埋まらない時代だが、そんな時代の変化も気にせず、相続対策としてアパート建設がラッシュであることは多くのメディアが報道している通りだ。その意味では現在の空き家、将来の空き家量産にバブル期の「不動産は儲かる」という刷り込みがいまだに大きく寄与しているのだ。

また、二〇〇六〜二〇〇七年頃に生じた都心のミニバブルも、言ってみれば「あの頃の夢よ、もう一度」という思いから。一度美味しい思いをした人はそれが忘れられない。成功体験に支配されてしまう。だから時代が変わっても同じことを繰り返すのである。

自分で経営するつもりがないのは大家に限らない。バブル期に不動産会社は管理業務を外注するために管理会社を作り、続いて元々は自分たちで行っていた入居者審査を別会社化、保証会社を作った。それぞれがリスクを分担すると言えば聞こえは良いが、実態は誰も責任を負わない仕組みである。そのため、高齢者や外国人のように、リスクのありそうな入居者は排除しようとするし、新しい試みにも腰が引ける。

ところが、一方でまちに賑わいを再生することに成功している事例を見ると、そこには大家あるいは不動産会社が関与していることが多い。何か、活動を始めようと思った時に必ず場所が必要になるからで、大家には場所を提供する力があるし、不動産会社には場所をマッチングするノウハウがある。

だから、大家、不動産会社はまちの変革に寄与できるポジションにいるのだが、そうした意識のない大家、不動産会社が多いのが現実。逆にこれから生き残るまちを考える時には、大家、不動産会社から見るという観点もあるわけだ。

†まち選びが不可能だったバブル時

住宅価格高騰は狭く、遠い住宅を大量に発生させた。どんどん価格が上がっていくことに焦りを感じた多くの人達はとにかく買える家ならなんでもとばかりに遠隔地に、あるいは狭小住宅に手を出した。場所なんか、選んでいられる時代ではなかった。

これは賃貸でも同様で、バブル真っただ中の一九八八年に創刊した女性誌Hanakoは初号の特集で住宅を取り上げており、私が編集を担当した。タイトルは「いい部屋はステイタス」である。取り上げた物件は部屋そのものがカッコいい部屋であり、立地はまったく考慮されていない。今なら、都心部や人気のエリアで、かつおしゃれな部屋をとなるところだろうが、当時はまちを選ぶという発想はなかったのである。というより、住みたい場所を選ぶどころではなく、借りられる場所で借りるという時代だったのである。

図1-6　Hanako 創刊号（1988年6月2日号）
創刊号は立地ではなく、部屋を特集した。

遠隔地での住宅購入が話題になり、当時の週刊誌はしばしば新幹線通勤をグラビアなどで取り上げていた。しかし、当時は景気が良く、会社が新幹線代をも通勤費としてくれていたが、そ

の後の不況で通勤費を出さなくなった会社が多いことを考えると、その負担はどうなったのだろう。

また、狭さで言えば、この頃に取材に行った三浦半島の先端、三崎口からバス便利用の傾斜地に建っていた一戸建てを思い出す。億近い金額だが、リビングは八畳ないほどで、そこにその家のご夫婦と取材に訪れた三人の大人が入ると窮屈そのもの。階段も急で、今はおそらく、高齢になった夫婦に不安な住まいになっているのではなかろうか。億という金額でこれかという時代だったのである。

そして、今、遠くか、狭いか、いずれかでなければ住宅が買えなかった高度経済成長期からバブル期の間に郊外に開発された住宅地のうち、主に都心部から三〇〜四〇キロ圏以遠の住宅が空き家化し、地域自体も人口減少に悩まされている。狭い住宅だけではなく、高台の、かつては通風、採光、眺望に恵まれた閑静な住宅街では高齢化が進んでいる。こうした住環境を重んじた住宅は庭もあり、広さもあるが、現代の忙しい子育て世帯には遠くて、手間がかかる、面倒な住宅になってしまっているのである。

†都庁移転で首都圏の重心はさらに西へ

これからのまちを考えるという意味では首都圏の重心の移動も忘れてはいけない点だろ

う。江戸城を中心に現在の下町エリアに広がっていた江戸は関東大震災で安全な土地を求めて大きく西へ移動、以降も移動し続けているが、それを印象づけた大きな出来事がバブル期に行われた都庁の移転である。

丸の内の旧都庁舎では、一九七〇年代には建物の老朽化、狭隘化、分散化といった問題が発生していた。一九七九年に都知事に就任した鈴木俊一は都庁の新宿移転を強力に推進し、一九八五年九月に都議会で「東京都庁の位置を定める条例」が可決、新宿副都心に建設されることが決定した。その後、一九八八年四月着工、一九九〇年一二月完成。翌一九九一年四月一日には移転が終了、都庁としての業務を開始している。一九七一年の京王プラザホテル以降、オフィス街化が着々と進行してきた西新宿だが、これにより、丸の内などに並ぶオフィス街として認知されるようになった。

以降のオフィスを含む再開発も六本木、大崎、最近では目黒、品川などと西側エリアが大半。虎ノ門周辺や東京駅、日本橋界隈の開発も行われてはいるが、首都圏の西側エリアの住宅人気なども含めて考えると、重心は明らかに西へ、南へと移動しているのである。

第2部
現在
まち選びの「発見」

武蔵小杉のタワーマンション群。

江戸からバブル崩壊まで、住宅は買えるところに買うもの、買う場所は選べないものだった。ところが、主に二〇〇〇年前後から意識が変化し始める。地価が下がり、住宅価格も下がって都心回帰が言われ、住宅ローンも多様化し、借りやすくなり……。好きな場所に住むという発想、まちを選ぶという観点が生まれてきたのだ。

さらにどこに住むかによって様々な違いが生ずることも分かってきた。北海道夕張市の財政破綻で自治体には財政格差があること、公共サービスにも違いがあることが分かり、東日本大震災では場所によって被害に差が生ずることも知った。さらに共働きで子育てをしなくてはいけない世帯には利便性がこれまで以上に重要な要素となってきてもいる。加えて、空き家の増加から土地所有にはリスクすらあり得ることも認識されるようになってきた。今後の少子高齢化で消滅する自治体すらあると考えると、どこに住むかは真剣に考えるべき問題とされるようになってきたのである。

†地価下落で住みたいまちを選べるように

前章では明治に入り、不動産を所有できるようにはなったものの、国が住宅購入を勧めるようになった戦後に至っても住宅購入は容易ではなかったことを解説した。特にバブル期には信じられないほどの価格高騰があり、住みたいまちという発想は出てくる余地すらなかった。買える場所に買うしかなかったのである。

しかし、バブル崩壊後、土地価格は急速に下落する。地価公示データでみると東京二三区の平均㎡単価は一九八八年に一三六万一〇〇〇円だったが、バブル崩壊後の一九九二年から急落しはじめ、一二年後の二〇〇四年には四三万八〇〇〇円と三分の一以下にまで下落している。

これにより、「買える場所に買う」から、「住みたいまちに買う」が可能になり、都心部での住宅購入が可能になった。首都圏の人口動向を見ると、この傾向はあきらかである。

首都圏では戦後から七〇年代半ばまで大量の人口が流入したのだが、その多くは新たに作られたニュータウン、団地などの外延部に居を構えた。その傾向は高度経済成長期、バブル期も続いており、東京二三区の人口は一九六〇年以降、わずかながらも減少傾向にあったほどである（図2-1）。

さらに都心部ではわずかながらどころか、大幅な人口減少が起こっていた。たとえば中央区が最大の人口を抱えていたのは一九五三年の一七万二〇〇〇人余だが、それが一九九七年には七万二〇〇〇人弱と、四五年間で六割近くも減っているのである（図2-2）。

ところがバブル崩壊後、人口は二三区に戻り始める。二三区の人口は九〇年代前半の五年間で二・四％減少しているが、九〇年代後半には二・一％増に転じ、二〇〇〇年代前半には四・四％増、二〇〇〇年代後半には五・四％増となっているのである。この背景には地価の下落に加え、大都市地域における住宅及び住宅地の供給の促進に関する特別措置法（大都市法）の改正がある。一九九五年以降、東京湾岸部などでタワーマンションが建てられるようになったのである。

その結果、特に二三区内では、二〇〇〇年代後半の五年間で二四・八％も増加した中央区、同じく一二・八％増の千代田区、一〇・四％増の港区など都心部のほか、江東区（九・五％）、足立区（九・四％）、墨田区（七・一％）、台東区（六・五％）、荒川区（六・三％）、豊島区（一三・六％）、文京区（九・〇％）と広い範囲での人口増が見られた。都心回帰という言葉が流行り出したのは二〇〇〇年頃からだが、これは実に的を射た表現だったのである。

個人的には二〇〇一年に創刊された「都心に住む」（リクルート刊）という媒体の印象が大きい。それまで住めなかった場所に住める時代が来た、そんな印象を受けたのである。バブル崩壊後一〇年経って、人々は住む場所を選ぶことができるという新しい可能性を発見、享受できるようになったのである。

住宅価格の下落に加え、もうひとつ、住宅を買いやすくした要因がある。一九九四年に行われた住宅ローン金利に関する規制撤廃である。これにより、全期間固定、変動金利、

図2-1　首都圏内の人口の推移

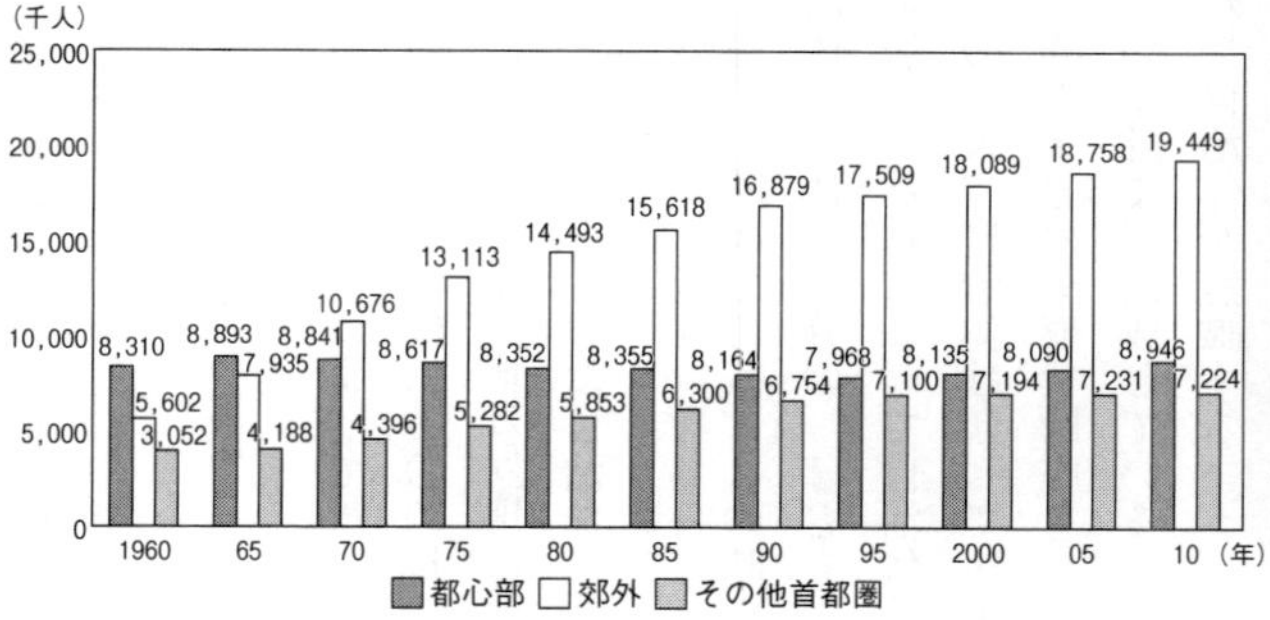

出典：「地域の経済2011」（内閣府）より
・総務省「国勢調査」及び厚生労働省「人口動態統計」より作成。
・自然増減及び社会増減数は住民基本台帳に基づく人口、人口動態及び世帯数調査により試算。
・市区町村の合併は、総務省「廃置分合等情報」に従う。1960〜70年については、1970年時点で存在する市区町村のみ記載。

図2-2　中央区総人口の推移

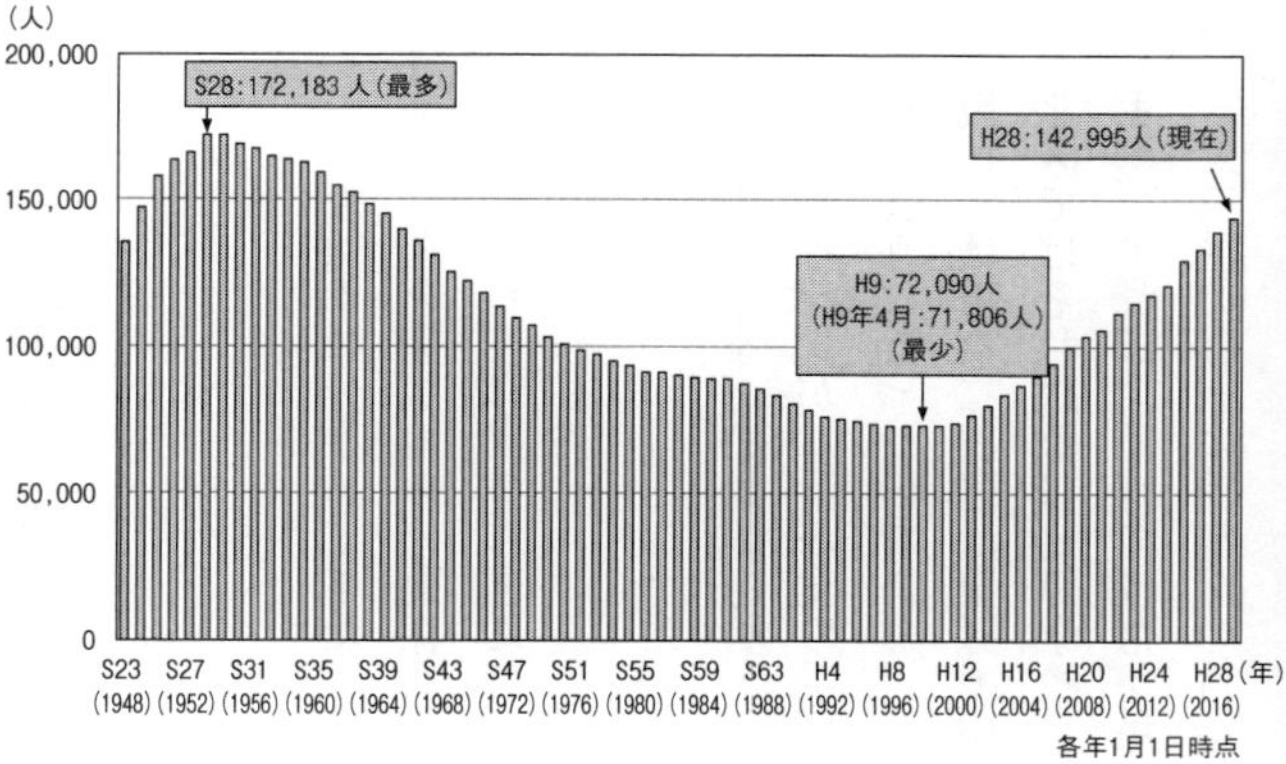

出典：「中央区人口ビジョン——人口動向分析及び将来人口推計の概要」

固定金利選択型という現在の住宅ローンのラインナップが揃い、住宅だけではなく、ローンも選べるようになったのである。

†自治体のサービス格差への意識

一方で住む場所によって得られる恩恵に違いがあることも徐々に分かってきた。そのきっかけになったのは二〇〇〇年に施行された「地方分権の推進を図るための関係法律の整備等に関する法律（地方分権一括法）」である。これにより、かつてはどこに住んでいてもさほど違いのなかった自治体のサービスに差がつき始めたからである。

それが意識され始めたのは二〇〇五年くらいからだろうか。きっかけとなったのは乳幼児の医療費助成である。この時点では東京二三区のうち、中学生までの助成を行っていた自治体は全体の三分の一ほどもなかったように思う。これを各政党が、我が党の手柄として喧伝し、それによって自治体差が多くの人に認識されるようになったのである。

その結果、自治体は競って医療費助成を手厚くし、現在では東京二三区は全区で中学校卒業時点までの医療費助成を行っている。千代田区、北区ではそれ以上に高等学校卒業時相当の年齢まで助成しているほどである。助成などを手厚くすれば、子育て世帯が集まる。それを自治体が意識するようになったと言っても良い。二三区の動きに首都圏の自治体の多くが追随。医療費助成という観点で見ると東京圏は他地域からずば抜けた存在である。

二〇〇六年に起きた北海道夕張市の破綻もその意識に拍車をかけた。それまで自治体が破綻するという発想は誰にもなかったと思うが、自治体も破綻する。そして破綻すると、様々なサービスが廃止され、生活の質が落ちる。あの事件が多くの人に自治体差を考えさせる契機になったのである。

実際、現在では子育て支援、高齢者支援など、自治体によって異なるサービスを比較検討するようなサイトも登場、住まい探しの際にはできるだけ手厚いサービスが受けられる自治体を選ぶという人が少なくない。特にここ何年かは保育所への入りやすさを気にする人が増えている。

†「土地そのもの」への意識

二〇一一年の東日本大震災では同じ震度でも場所によって被害に差があることが知られるようになった。どのまちのどこを選ぶかは好み、予算、受けられる公共サービスなどの問題に加え、安全を左右するのである。場合によっては生死を分けると言っても良い。当然、それまで多くの人が関心のなかった地盤、地形に目を向けるようになり、東日本大震災以降は安全性を調べるために各種アプリ、サイトが数多く登場、既存サイトも見やすくなった。関心が集まっていることが明らかである。

不動産業界でも広告で地盤、災害履歴、安全性を謳うことが増えた。これまで取り上げられることのなかった地形図を紹介する広告なども増え、確実に伝えなくてはいけない情報のひとつとなったのである。

これには災害に備えるという意味に加え、マンション業界の差別化という意味もある。不動産は動かない財である。当然、本来の価値はどんな場所に建っているかであるはず。そのためには土地の地形や地盤、災害履歴などを伝えるのは当然だと思うが、実際の不動産広告は長らく、それをしてこなかった。長らく、住宅そのものの性能をのみ広告してきたのである。もちろん、足回りの利便性はＰＲされてきたが、それ以上を伝える広告が登場し始めるのはごく最近だ。住宅地図しか置かれていなかった不動産会社にハザードマップなどが置かれるようになったのだ。

きっかけになったのは住宅の品質確保の促進等に関する法律（品確法）、マンションの管理の適正化の推進に関する法律（マンション管理適正化法）などの二〇〇〇年に制定された住宅に関する法律である。これらの法律により、以降、住宅の品質、管理は底上げされて平準化し、どれを選んでも建物、管理にはさほどの違いが無くなったのである。

差別化しようと最新設備を導入しても、設備を真似るのは容易である。どこが何を導入したという情報もすぐに伝播する。すぐにどこもかしこもおなじ設備を導入、現在ではどのマンションもベーシックな部分ではほとんど横並び状態である。もちろん、住宅価格が上がると、それなりにグレードは上がるが、といっても躯体の質が大きく異なることはなく、かつての違いほど大きなものはない。

となると、他との差別化はその土地そのものでしかできない。そこで不動産業界は災害安全度に加え、その土地の歴史など、そこにしかないものをアピールし始めたのである。

†広さ・環境より利便性という志向

働き方の変化も住まい、まちに大きく影響を与えている。三つのデータがある。

まずひとつは、サラリーマンの平均年収の減少である。国税庁の民間給与実態統計調査によると、一九九七年はサラリーマンの平均年収が四六七万円とピークに達した年である。その後、平均年収は多少前年より上がるようなことはあっても、基本的には減少傾向にあり、この二〇年ほどで五〇万円前後下がっている（図2-3）。

もうひとつは共働き世帯の増加である。バブル崩壊後には共働き世帯が増え始め、一九九七年には専業主婦世帯を超え、一九九九年には男女雇用機会均等法で女性の深夜労働が可能になった。二〇〇〇年前後には共働きが当たり前という状況が生まれ、二〇一六年時

図2-3　平均年収の推移

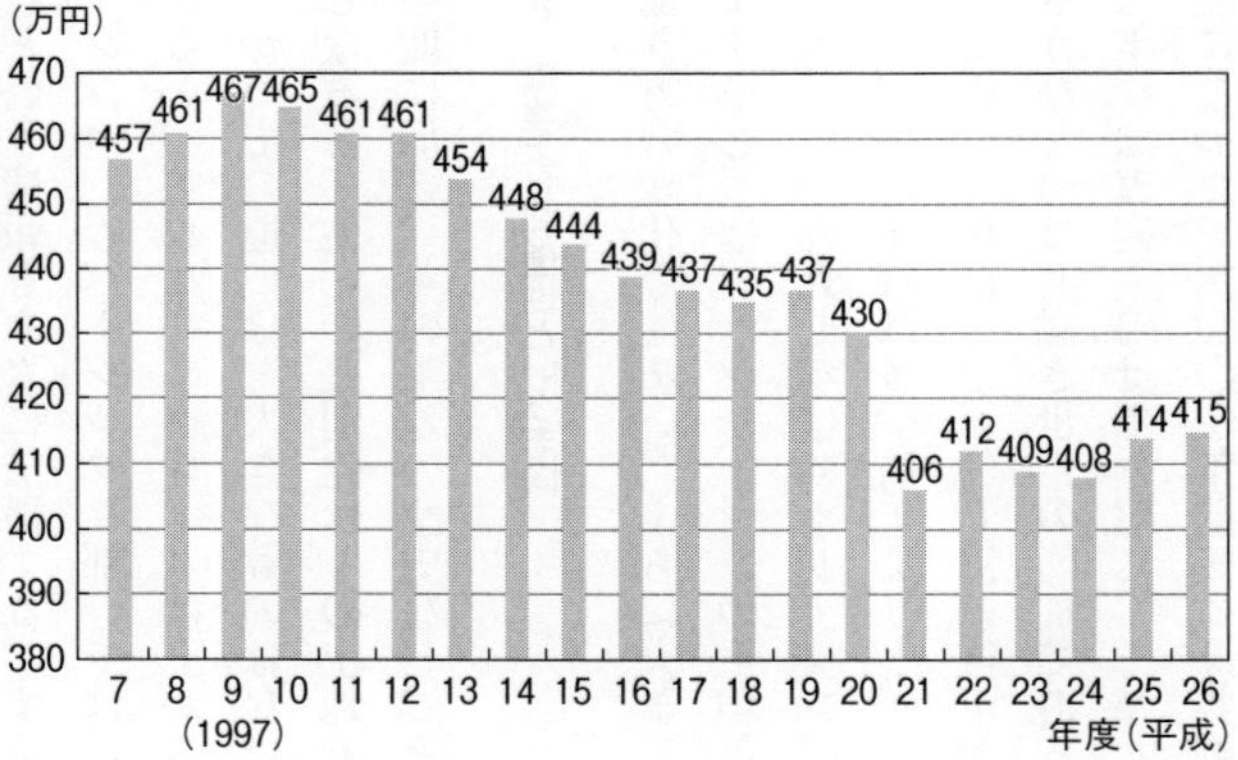

出典：「民間給与実態統計調査」（国税庁）

図２－４　専業主婦世帯と共働き世帯（1980～2017年）

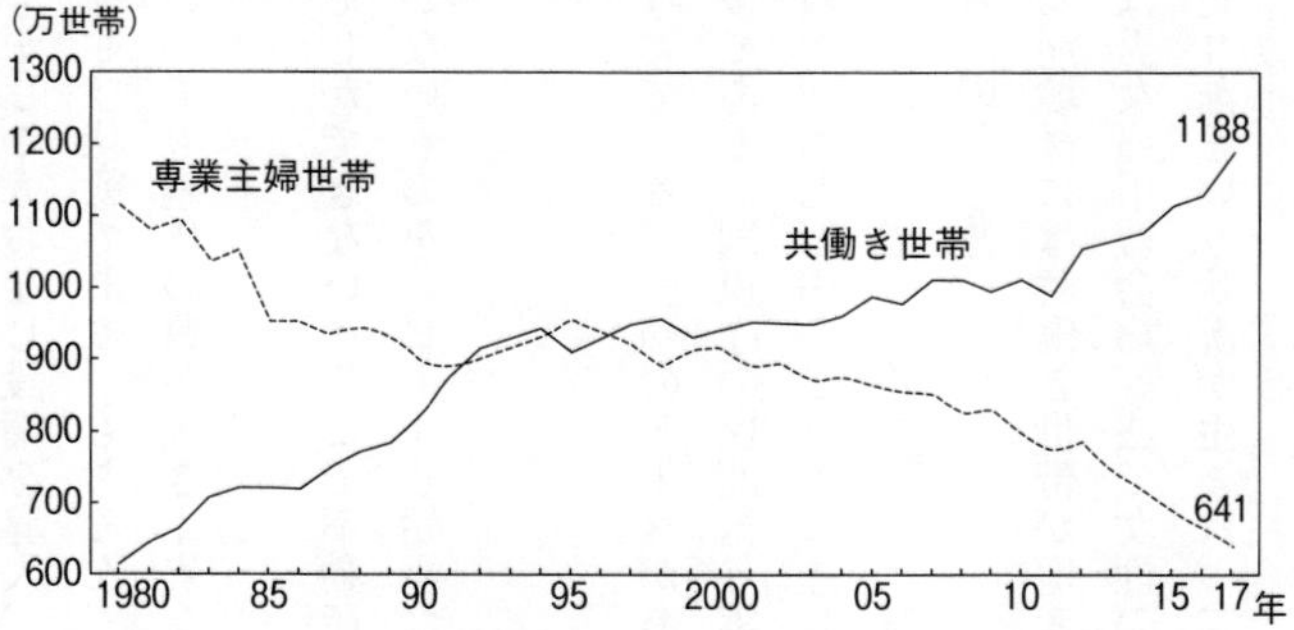

出典：「早わかりグラフでみる長期労働統計」（独立行政法人労働政策研究・研修機構）

資料出所　厚生労働省「厚生労働白書」、内閣府「男女共同参画白書」、総務省「労働力調査特別調査」、総務省「労働力調査（詳細集計）」

注）「専業主婦世帯」は、夫が非農林業雇用者で妻が非就業者（非労働力人口及び完全失業者）の世帯。「共働き世帯」は、夫婦ともに非農林業雇用者の世帯。2011年は岩手県、宮城県及び福島県を除く全国の結果。

点では専業主婦世帯1に対し、共働き世帯2という割合に近いほどになっている（図2－4）。

そして、最後のひとつは非正規雇用の大幅増である。一九九〇年に八八一万人だった非正規雇用者数は二〇一四年に一九六二万人と二倍以上にもなっているのである。働く人のうちに占める割合は二〇・二％から三七・四％へ。今や三人に一人以上が非正規雇用なのである（図2－5）。

この三つのデータから何が読み取れるか。世帯主の年収が下落、共働きをせざるを得ないものの、正規雇用が減り、賃金の低い非正規で働いている人が増えているという現実である。それはイコール長時間働く人が増えているということである。これについては最近ブラック企業という言葉が頻繁に使われていることからも、また、自分の身に置き換えてみても、理解いただけないことではないと思う。

さらに、そこに子育てが加わるとしたらどうだろう。二〇一七年度の東京都福祉保健基礎調査「東京の子供と家庭」でみると、子育て世帯のうちに占める共働き世帯の割合が六一・五％。六割を超えている。二〇〇五年度の調査では四六・一％であり、二〇一二年度は五三・八％と確実に増加しているのである。ことに二〇〇五年から二〇一二年には一番下の子どもの年齢が一歳未満での共働き層が二九・九％から四三・〇％にも増加している

（二〇一七年には当該項目なし）のである。子どもが小さくても働きたい、働き続けなければならない世帯が増えているのだ。

となると、共働き世帯、子育て世帯はできるだけ勤務地に近い場所を志向するようになる。労働時間が長く、子どもにかかる時間を削らないようにするためには通勤時間を削るしかない。狭くても都心。だから、都心近くに買うのだ。

東日本大震災もこの傾向に拍車をかけた。発災後、多くの親たちは我が子が待つ家に帰ろうと夜道を歩いた。中には一晩かかって帰り着いた人もおり、あの経験をした人たちは勤務先から歩いて帰れる場所に住むことを真剣に考えたはずだ。

これが今後、団塊世代の家を空き家にすると考えられる。空き家が社会問題と認識されて久しいが、都心近くでも増えてはいるものの、空き家数、割合が高いのは地方である。都心に出て行った団塊世代の親の家が、帰る人がいなくなって空き家になっていると考えれば分かりやすい。

だが、次に空き家になるのは団塊世代の家だ。典型的なのは、まだ住宅が高かった頃に買った、都心から地域によって違うものの距離にして三〇～五〇キロ圏、所要時間でいうとドアツードアで考えて一時間から一時間半圏くらいにある一戸建てである。

こうした住宅の多くは最寄り駅からも一〇分以上歩くような場所にあることが多く、住

図2-5　非正規雇用者の割合の推移

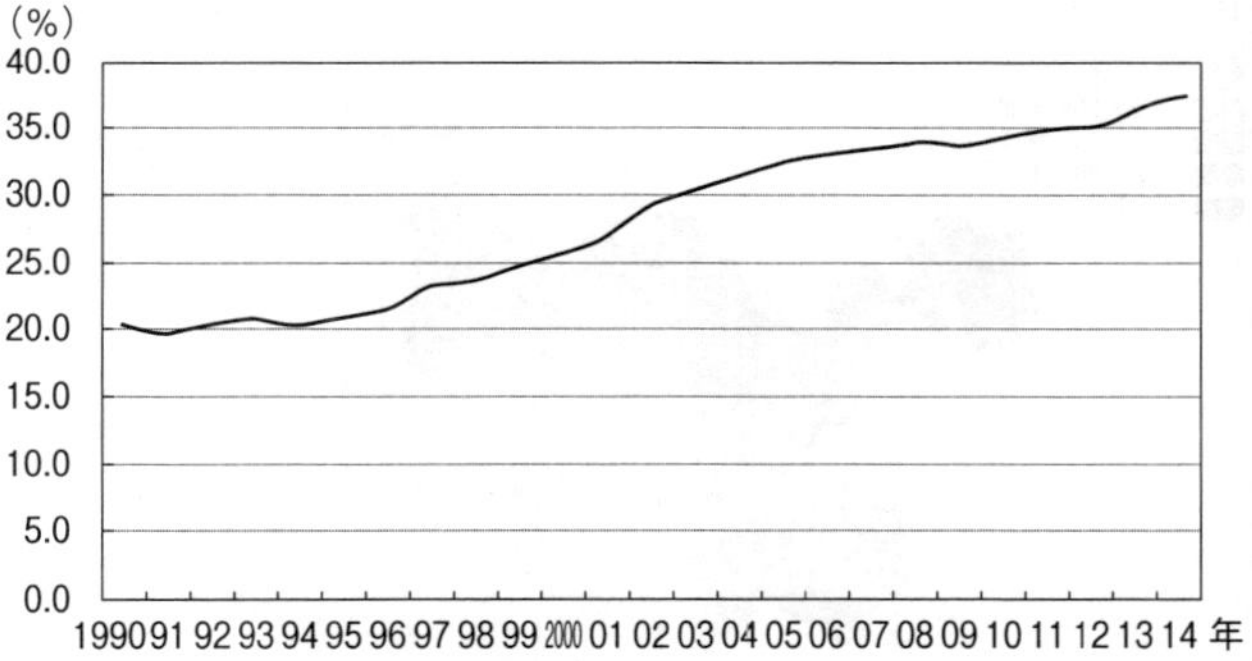

図2-6　年齢階級別非正規雇用者の割合

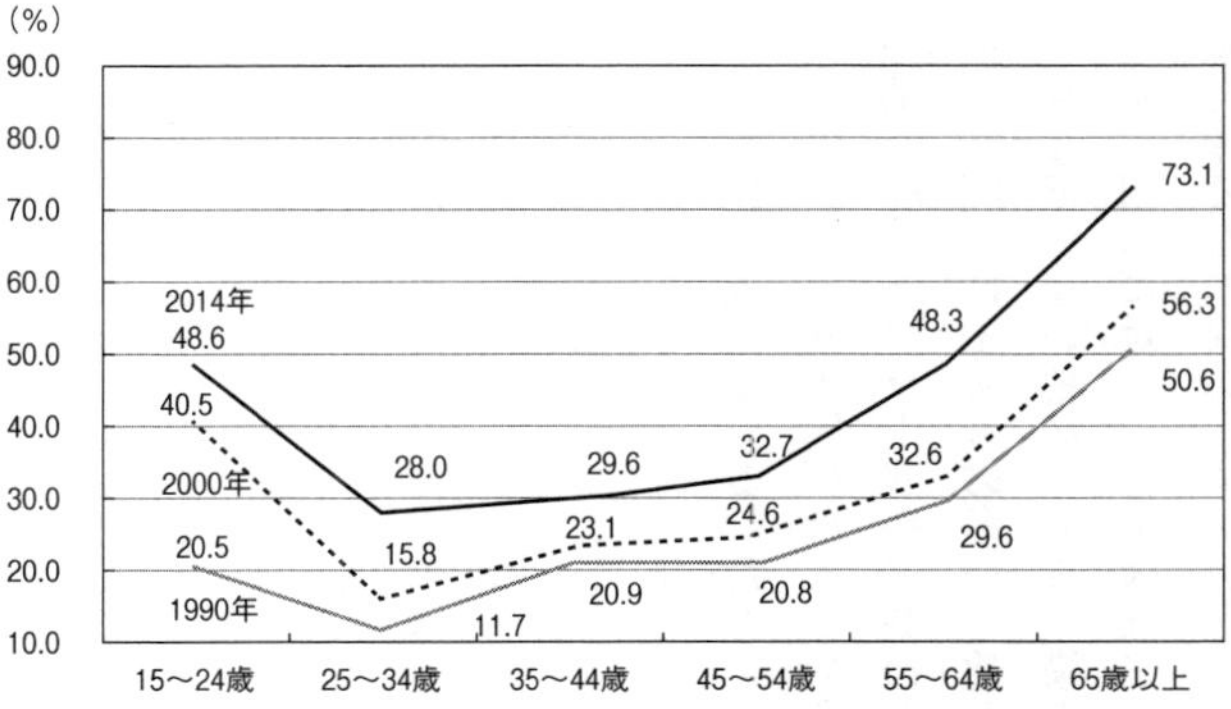

注：非正規雇用者の割合は、正規・非正規雇用者の合計に対する非正規雇用者の割合
出典：「統計 Today No.97最近の正規・非正規雇用の特徴」（総務省統計局、２点とも）

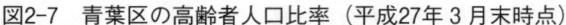

図2-7　青葉区の高齢者人口比率（平成27年３月末時点）

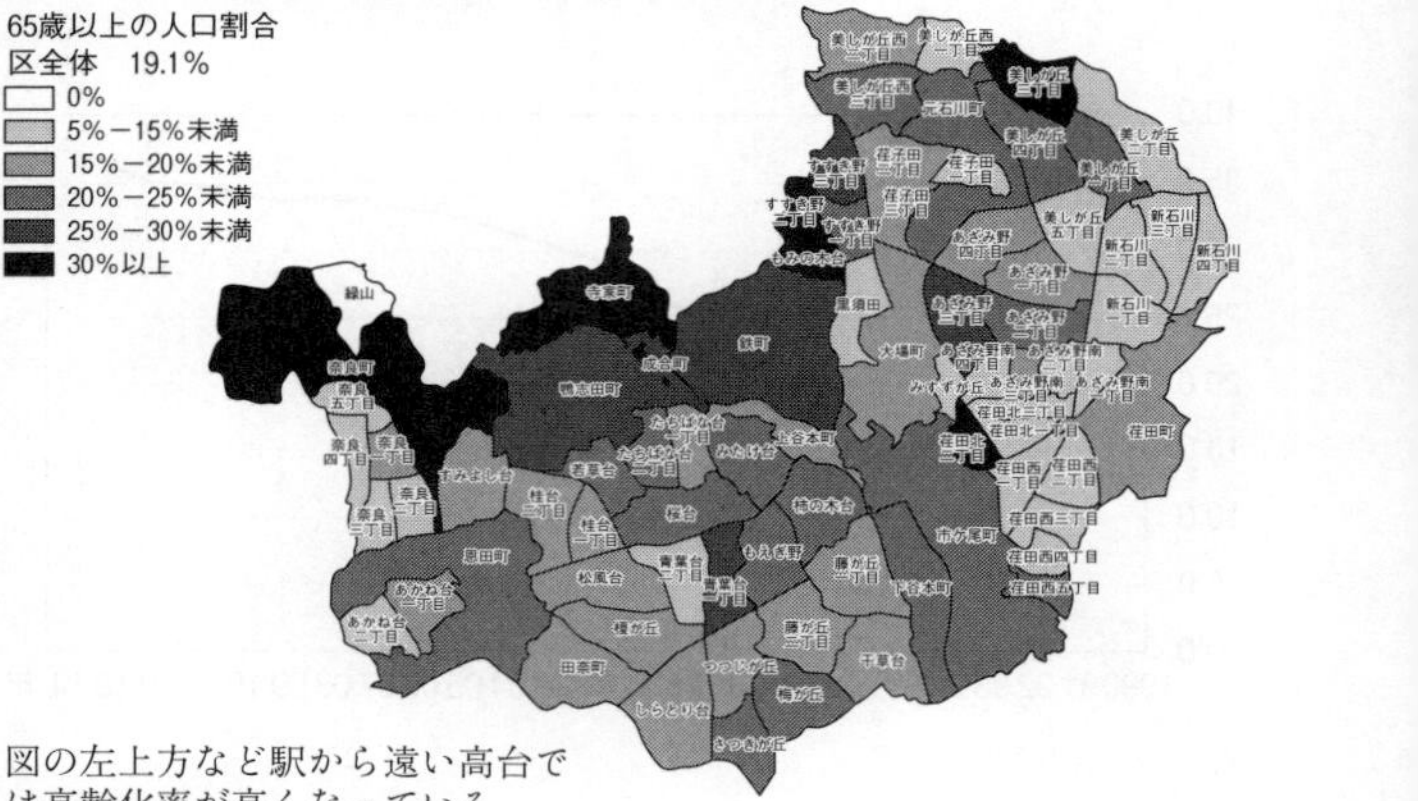

図の左上方など駅から遠い高台では高齢化率が高くなっている

出典：横浜市統計ポータルサイト

環境としては静かで日当たりが良いなど恵まれているが、いかんせん遠い。子育て世代にはうれしい広さもあり、庭があったりもするが、実際の生活にはそこに時間が避けるほどの余裕はない。となると、郊外のかつては高額だった住宅地はどんどん空洞化、衰退していくのである。

実際、それより都心に近くても駅から遠い、一戸建て中心の住宅地では周囲に比べて高齢化が進んでいる。たとえば横浜市青葉区はファミリー層には人気のある東急田園都市線たまプラーザや青葉台を擁する、横浜市内では子どもの多い、比較的高齢化が進んでいない地域である。横浜市の高齢化率二四％に対し、青葉区は二〇・六％。隣接する都筑区の一六・九％よりは高いものの、比較的低めである（いずれも二〇一七年三月時点）。

ところが、その人気のたまプラーザでもマンションの供給が近年あった地域は別として駅から遠い、高台の美しが丘三丁目の高齢化率は二〇一五年時点で三〇％を超えている。青葉区の高齢化率のマップを見ると、人気エリアであっても駅から遠い、坂があるような場所は選ばれにくくなっているのである（図２‐７）。

ただし、現時点では郊外の広いけれど、遠い住宅地は選ばれにくくなるように思われるが、今後、さらに働き方が変われば、状況が変わる可能性もある。労働時間が短くなる、リモートワークが可能になって通勤頻度が低くなるなどすれば、遠くても通えるようになり、そうなれば実家に戻る選択肢が出てくる。実家居住で親に子どもの面倒を見てもらえれば共働きを続けることもできようし、親としても老後の不安が多少なりとも和らぐというものである。特に今後、子育て、介護でこれまで同様の働き方ができなくなる人が増えることを考えると、リモートワークはもっと進展しても良いはず。そうなれば、郊外の広くて環境の良い住宅に再度日が当たる可能性もありうる。

†土地所有をリスクとする考えも

住宅所有という意味では買う人が主体的に選べるようになった二〇〇〇年以降だが、社会としては様々な不安を抱え始めるようになった時代でもある。すでに一九九五年には高齢社会対策基本法が、二〇〇三年には少子化社会対策基本法が施行されており、徐々に高齢化、少子化、人口減少などといった日本の将来に対する漠とした不安が意識されるようになってきたのである。

そのうちでも住宅、まちに関して、これまでの常識に疑問を持たざるを得ない契機になったのは二〇一二年頃からの空き家の急速な社会問題化と二〇一四年四月に民間研究機関「日本創成会議」が発表した消滅可能性都市という言葉だろう。少子化と人口減少が止まらず、存続が危ぶまれる市区町村が全国の半数近くあるという報道は大きく取り上げられた。周囲で見かける機会が増えた空き家の存在とあいまって、どこに住むべきか、そもそも不動産は本当に資産なのか、人生の長い期間をかけて多額に及ぶローンを払ってまで買うべきものかを考える人も増えてきている。

たとえば、二〇一七年度土地問題に関する国民の意識調査で「土地は預貯金や株式などに比べて有利な資産か」という質問に対し、「そう思う」と回答した人は三〇・二％となっており、六〇％を超えていた一九九三〜一九九四年頃からすると半数に。逆に「そう思わない」と回答した人は四〇・五％で、これは調査開始以来最高（図2-8）。かつてはもっとも有利な、下落しない資産と思われていた土地がいまや、さほどに重要ではないと

図2-8　土地は有利な資産か

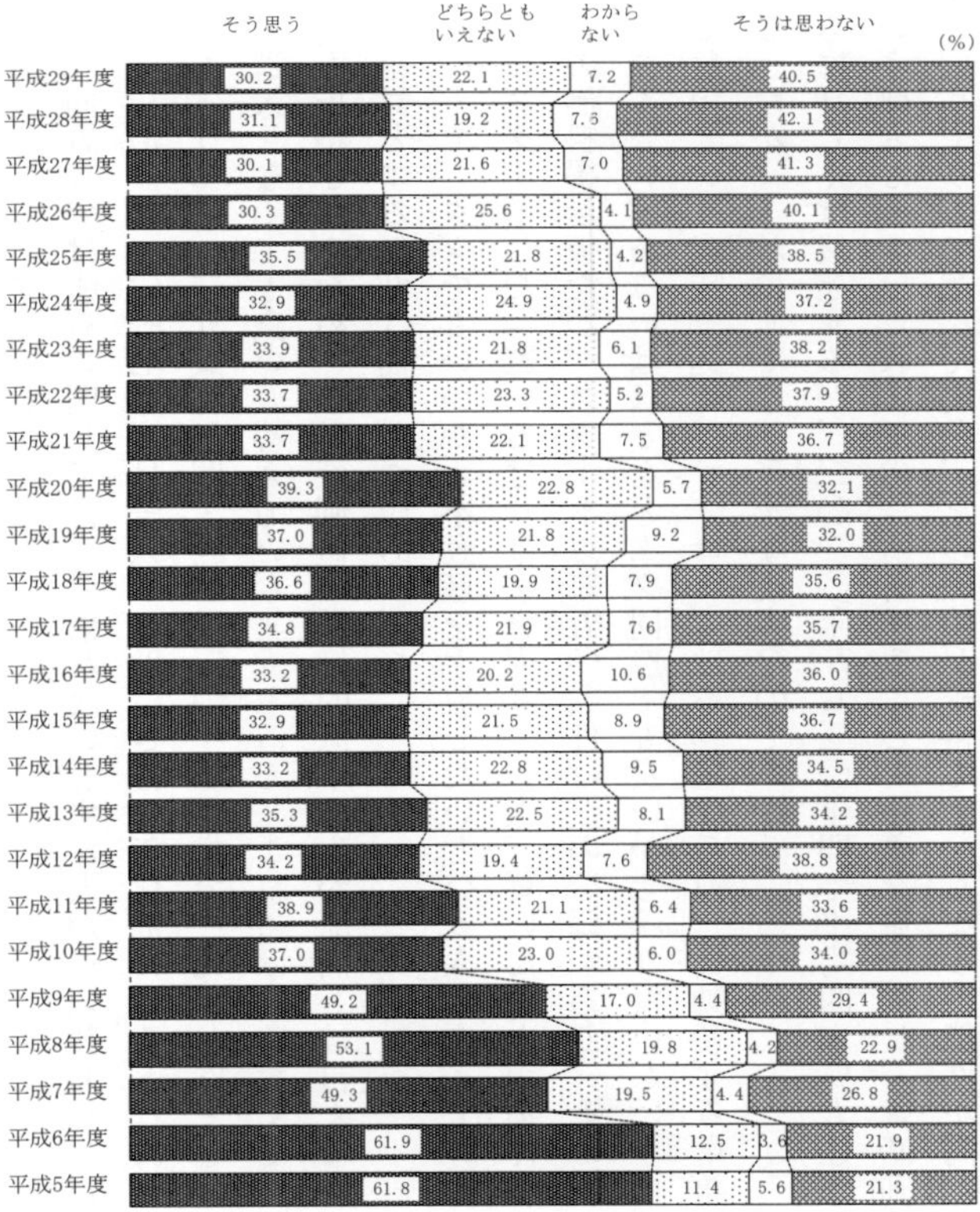

そう思う
どちらともいえない
わからない
そうは思わない
(%)
平成29年度 30.2 22.1 7.2 40.5
平成28年度 31.1 19.2 7.6 42.1
平成27年度 30.1 21.6 7.0 41.3
平成26年度 30.3 25.6 4.1 40.1
平成25年度 35.5 21.8 4.2 38.5
平成24年度 32.9 24.9 4.9 37.2
平成23年度 33.9 21.8 6.1 38.2
平成22年度 33.7 23.3 5.2 37.9
平成21年度 33.7 22.1 7.5 36.7
平成20年度 39.3 22.8 5.7 32.1
平成19年度 37.0 21.8 9.2 32.0
平成18年度 36.6 19.9 7.9 35.6
平成17年度 34.8 21.9 7.6 35.7
平成16年度 33.2 20.2 10.6 36.0
平成15年度 32.9 21.5 8.9 36.7
平成14年度 33.2 22.8 9.5 34.5
平成13年度 35.3 22.5 8.1 34.2
平成12年度 34.2 19.4 7.6 38.8
平成11年度 38.9 21.1 6.4 33.6
平成10年度 37.0 23.0 6.0 34.0
平成9年度 49.2 17.0 4.4 29.4
平成8年度 53.1 19.8 4.2 22.9
平成7年度 49.3 19.5 4.4 26.8
平成6年度 61.9 12.5 3.6 21.9
平成5年度 61.8 11.4 5.6 21.3

出典：「土地問題に関する国民の意識調査」

思われるようになっているのである。

また、同調査では所有に関して借家で構わないとする人が一定数おり、長期的に見ると増加傾向にある。二〇一七年度は一六・三%。さらに年代別に見るとこれから住宅を取得するであろう二〇～二九歳で三四・四%、三〇～三九歳で一九・七%となっており、若い人ほど購入しなくても良いと答えている。もちろん、これには買いたくても買えないという事情も推察されるため、不動産価値の精神的低下のみが原因とは言えないが、確実に不動産を絶対とする信仰は揺るぎつつあるのだ。

その一方で、タダでもいいから不動産を手放したいという人も増えている。二〇一五年一〇月にスタートした「家いちば」は家を売りたい人、買いたい人が物件を掲載できるWEB上の無料掲示板だが、スタート以来五〇〇件ほどの登録があり、そのうちの七～八割はタダでもいい、あるいはほとんどタダ同然でも良いから譲りたいという。所有しているだけで負担という意味を込め、マスコミでは不動産ならぬ、負動産なる単語を見かけるようになったが、これはすでにリアルな現実なのである。

さらに詳しくは後述するが、二〇一〇年から三〇年間で平均四六%も住宅価格が下落するという研究もある。これまでの、所有することに意義を見いだし、資産価値を重視して選ぶというやり方で選んだ場合、その価値が維持できなくなる可能性が高くなっているのである。せっかく、住む場所を好きに選べる時代にはなったが、これまでと同じ選び方ではダメだということである。しかも、今後は資産価値どころか、まちが消滅する可能性すらある。そんな時代に何をどう考えて住む場所を選べばよいか。これまでの常識が通じなくなっている事態を検証しつつ、以降で考えていきたい。

第3部

未来

再生と消滅の時代

隅田川下流からスカイツリーをのぞむ。

不満だらけの江戸〜戦後、バブル期を経て、ようやく庶民が場所を選んで住宅を買えるようになった二〇〇〇年以降。一方でどこに住んでも受けられたある程度均質なサービスには自治体差が生まれるようになり、自治体も破綻することが分かり、住む場所によって生死が分かれることすらあることを実感した時代でもあり、この先はさらに少子化、高齢化、人口減少がまちを衰退させることが見えている。その中でどこに住むか、住み続けるかはこれまで以上に大きな意味を持つ。そこに住んで幸せだったと思える場所に住めるかどうか、現在まちを巡って起こっている出来事などを踏まえつつ、これから選ばれるまちについて考えていきたい。

それにあたり、ひとつ、大事なことは、ここまでで見てきた通り、日本の住宅所有には明治以来の、閑静な住宅街には昭和以来の、職住分離には戦後以来の、住みやすいという概念には二〇〇〇年以来の、という短期な歴史しかないということである。

それでももちろん歴史は歴史ではあるものの、それを後生大事にして、これからの変化の時代に向かうのは難しい。将来を予測した人口動態のグラフを見ると私達のこれからの社会は今後一〇〇年間で一〇〇年前まで一気にダウンする。その激変の中で大事にすべきは自分たちのまち、暮らしをどう生き残らせていくか。過去は参考にすべきではあるが、しがみつくべきものではない。それを前提にして以降をご覧いただきたいところである。

1 「閑静な住宅街」という時代遅れ

まちを選ぶと言った場合、日本人の住宅街観は大正時代くらいから止まっているように思えてならない。閑静な住宅街を良しとする考え方が根強いのだ。だが、住環境よりも利便性が選ばれる時代になり、住むという機能しか持たないまちでは高齢化が進み、人口減少が大きいなど問題を抱えるようになった。その一方でそうした単機能のまちの象徴でもある団地では各種の再生への動きがある。ここでは「閑静な住宅街」という概念を一度否定し、団地や地方再生に学ぶことで問題解決の糸口を考えたい。

†「閑静な住宅街」って何だ？

明治期に土地、住宅を所有できるようになって以来、日本人は住宅街に環境を優先して求めてきた。「閑静な住宅街」という言葉に代表される、住宅だけが立地する静かで日当たり、通風、採光、景観などに恵まれたまちということである。都心近くでいえば池田山や松濤、少し離れて田園調布や成城学園、国立などといった一戸建て中心の住宅街などが良しとされてきたのである。さらに戦後になってからはそうした場所を求めて、首都圏の住宅街は外縁部へと広がっていった。二〇〇〇年前後に都心回帰が始まる前の住宅地は都心から五〇キロ圏にまで及んでおり、静けさ、広さが売りだった。

もちろん、こうした住宅街が悪いというのではない。閑静でありながらも利便性があり、その地に住み続けられる人がいる限り、住環境最優先の住宅地は存在し続けるであろうし、そうであっても欲しい。だが、そうして生き残れる住宅街は全体からみれば、それほど多くはないし、たぶん、現在ある住宅街の全てが生き残ることは難しい。広壮な一戸建てばかりだったはずのまちが相続がある度に宅地が細分化され、お屋敷一棟がコンパクトな、環境を考慮していない数戸の建売住宅に変わるのはよく見る話だ。

かつては「閑静な」という抽象的なキーワードでひとまとめにできた住宅地に立地や環境その他で差が生じてきているのである。ブランド力や歴史があり、利便性の高い場所であれば、従来通りの静けさ、環境だけで生き残ることもあり得るだろうが、それができない、新たに人が入ってこない、不動産の取引もなく、相続で移り住む人もいない、高齢化のみが進展、過疎化するまちも出てくるだろう。

であれば、そのまちごとに自分たちが意図する「閑静さ」とはどのような状況を言うのか、どのようなまちとして生き残るべきかなどを考えるべき時期に来ているはずだが、今のところ、そうした検討はなされていない。ただただ、現在住んでいる人たちにとっての環境を変えたくない、よそ者には入って来て欲しくないという思いを「閑静なまちを守りたい」という都合の良い言葉で主張しているだけである。

そのため、まちで起きる新たな動きに対して、それがまちの環境にどう影響するかを検討することもない。既得権のある人が自分の権益を守りたいという構図と似ていると言っても良いのかもしれない。だが、まちは今住んでいる人だけのものか。変化することは悪いことなのか。「閑静な」という言葉で新しい動きを拒否する人達には思考停止を感じることがあるというのは言い過ぎだろうか。

†下落する閑静な住宅街の資産価値

しかも、年々「閑静な住宅街」の資産価値は相対的に下落している。よく、保育園反対運動では閑静な住宅街に保育園＝騒音施設（！）ができることで資産価値が毀損されるという言い方があるが、実際のところ、それ以前から閑静な住宅地の資産価値の下落は始まっているのである。

例として大田区山王を見てみよう（図3－1）。駅でいうと京浜東北線大森駅周辺である。この地域は線路を挟んで台地と低地が隣り合う場所。駅西側でも池上通りより西は台地、駅周辺や線路際はそれよりも低い土地となっている。高台部分は明治時代には海が見える別荘地として、関東大震災以降は安全で便利な住宅地として開発されてきた。一方、低地サイドには雨が降ると階段が登れないとして「地獄谷」という名称で呼ばれた飲食店街がある。つまり、往時の一等地とそうでない土地が近しく隣接している場所というわけである。

高台側の山王一丁目二二番地に大正時代に土地を手に入れ、住み続けてきた一族がいる。昭和に入ってからは一部を住まいとして利用してきたというが、経緯を考えると当時としての一等地といって良い。

そこから直線距離にして三〇〇mほどの場所、住所にして山王一丁目三番地にホテル跡地を利用して二〇一四年に建てられたタワーマンションがある。距離はわずかしか離れていないが、こちらは坂の下であり、線路沿いでもある。「閑静な住宅地」という意味での環境には恵まれていないが、大森駅からは歩いて一〜二分。池上通りに面した利便性の高い場所である。

その二点で土地の価格がどう変化しているかを路線価図を使って比較してみる。各地点が面する二本の道路の路線価で見ると、かつての一等地では二〇〇七年から二〇一七年の

図3-1　大田区山王の路線価比較

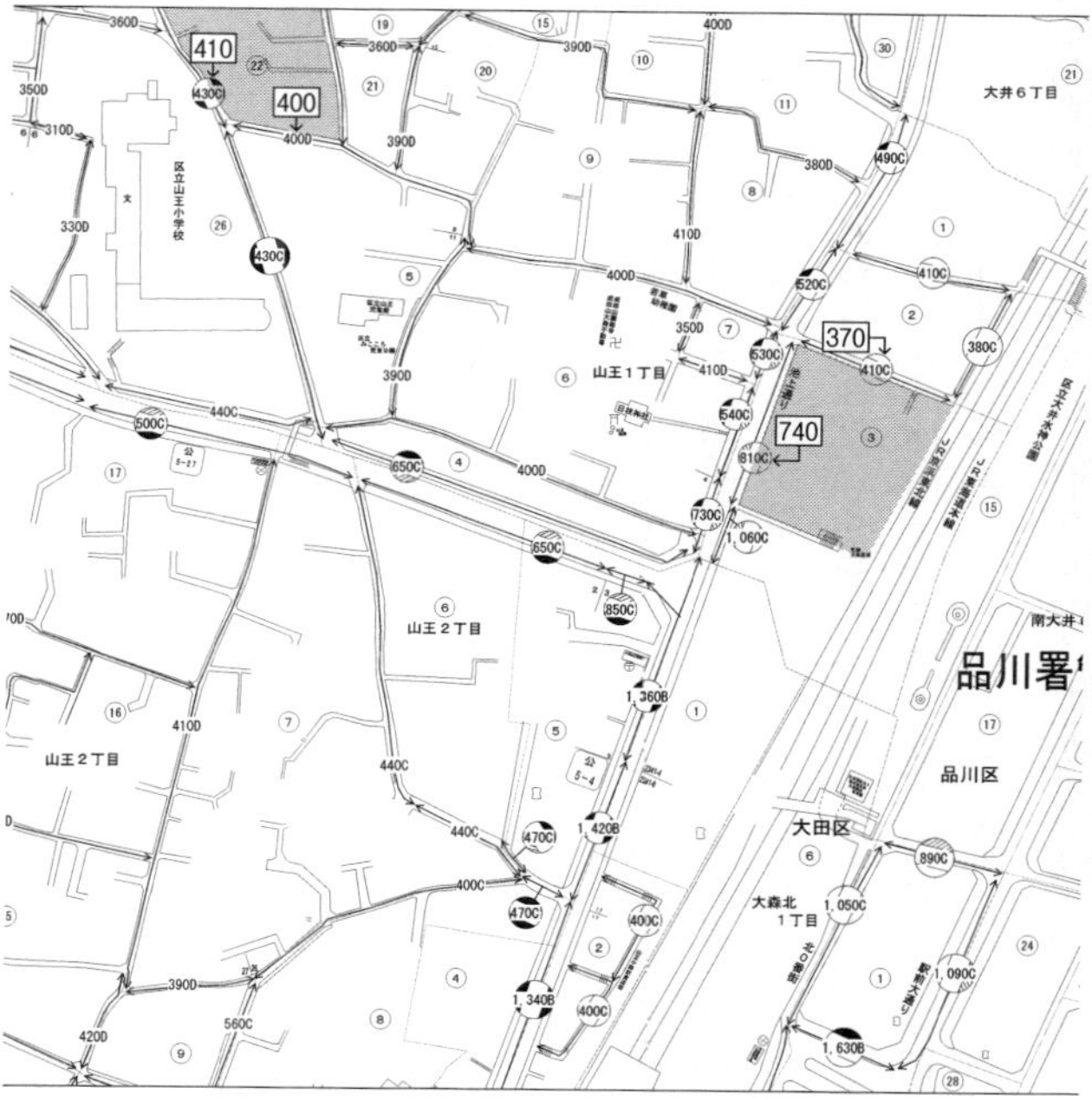

2007年、2017年の路線価図を比較、価格の上昇を見た。図上部の住宅街ではほとんど変わっていないが、右側の線路沿いに立地するマンション建設地では1.1倍ほど上昇していた。このマンションは建設時、騒音などが懸念されたが、人気は高かった。

一〇年で変化なし、一・〇四九倍となっており、線路際の住環境に恵まれない土地では一・一〇八倍、一・〇九五倍となっている。明らかに住環境よりも利便性に恵まれた場所のほうが価格的に上昇し、優位となっているのである。

これは山王に限らない。大田区内では山王よりも有名なお屋敷街田園調布でもこの一〇年間で見ると一・〇一倍程度の変化しかなく、住環境には劣るものの利便性に勝る土地の価格上昇のほうが大きい。閑静さよりも、利便性が選ばれるようになっているのである。

†環境より利便性が選ばれる時代

住宅を買う場合の優先順位も変化してきている。二〇〇四年に行われた「住宅に関する世論調査」に「街なかや都市の中心部と郊外のどちらに住みたいか」という設問がある。言い換えれば、利便性と住環境のどちらを優先するかという設問である（図3-2）。

これに対し、選ばれたのは住環境である。「どちらかといえば郊外に住みたいと思う」三三・九％＋「郊外に住みたいと思う」三一・二％の六五・一％が「郊外に住みたい」と思っているのである。その理由としては「緑や水辺など自然環境がよいから」（七〇・二％）を筆頭に「日当たりや風通しがよいから」（四四・三％）、「街なかや都市の中心部の住宅と価格が同じくらいでも、住宅の広さや収納などにゆとりがあるから」（二九・二％）、

「公園や緑地、子どもの遊び場が多いから」(二七・二%)、「夜間も静かだから」(二六・七%)、「地域のつながりが残っているから」(二四・九%) などなど。

また、年齢が高くなればなるほど郊外に住みたい人が増えてもいる。二〇~二九歳で郊外に住みたい人は二一・七%だが、五〇~五九歳では三〇・九%、六〇~六九歳になると三九・〇%、そして七〇歳以上になると四五・七%と半数近くが郊外に住みたがるようになるのだ。

逆に「街中や都市の中心部に住みたいと思う」人が何を良しとしているかという設問では「日常の買い物の利便性がよいから」が七〇・三%と最も高く、以下「医療や福祉などの利便性がよいから」(五七・七%)、「通勤や通学の利便性がよいから」(五五・〇%)、「ショッピングや外食などが楽しめる繁華街などに近いから」(三二・八%) という順になっている。

通勤・通学よりも買い物の利便性がトップに来ていることに時代を感じるが、その約一〇年後、結果は大きく逆転する。二〇一五年に行われた「住生活に関する世論調査」では住環境よりも利便性を優先する人が多数派になっているのだ (図3-3)。

設問が違うのでストレートに同じ項目を比較することはできないのだが、ここでは「住宅、立地・周辺環境で最も重視すること」という設問があり、四六・五%と約半数の人が

図3-2　2004年には郊外が選ばれた

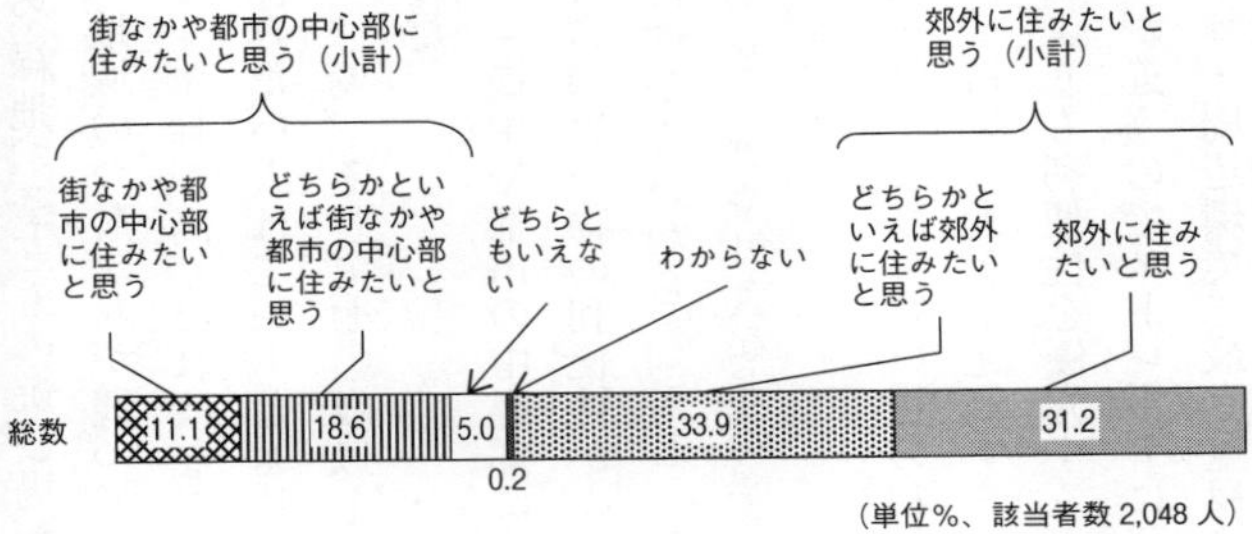

出典：「住宅に関する世論調査」（2004年・内閣府）

図3-3　2015年には立地の利便性が優先されるように

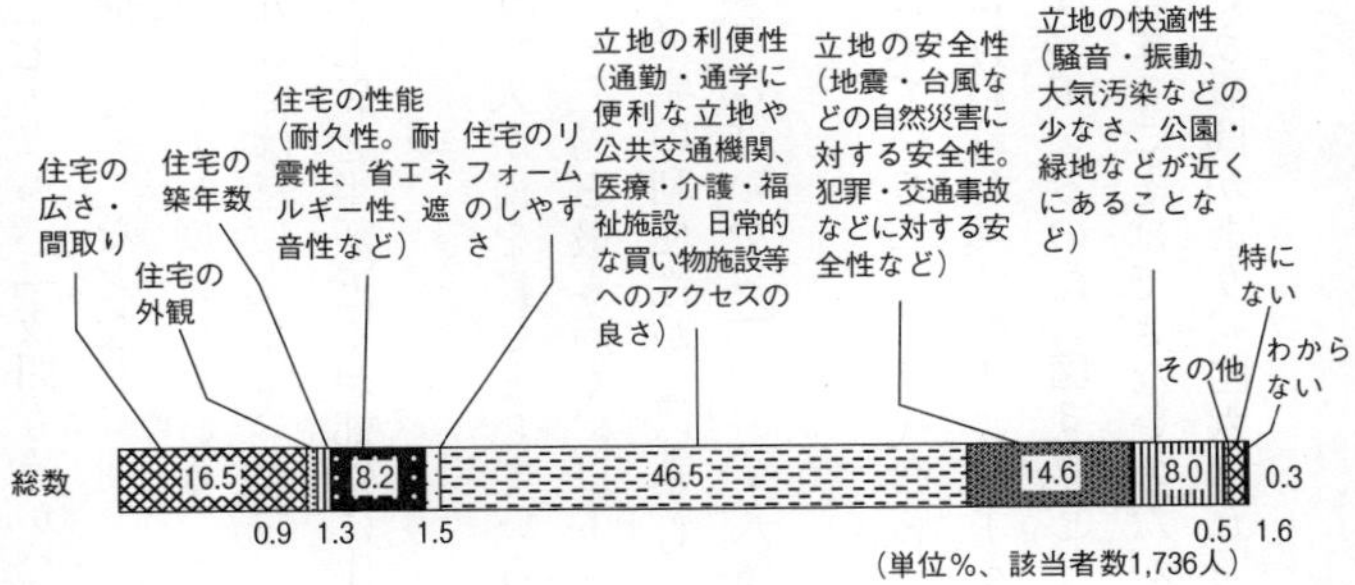

出典：「住生活に関する世論調査」（2015年・内閣府）

「立地の利便性（通勤・通学に便利な立地や公共交通機関、医療・介護・福祉的施設、日常的な買い物施設等へのアクセスの良さ）」を挙げているのである。

では、住環境はどう評価されているかを見ると「立地の快適性（騒音・振動、大気汚染などの少なさ、公園・緑地などが近くにあること）」の項目と解され、これを最優先する人は八・〇％となっている。「立地の利便性」に次いで選ばれているのは「住宅の広さ・間取り」「立地の安全性」「住宅の性能」などで、快適性は優先順位では五位。この約一〇年で利便性が大きな意味を持つようになってきたのである。

ちなみに二〇一五年調査での年齢による差異は子育て真っただ中と思われる四〇～四九歳で「住宅の広さ・間取り」を優先する人が増える、働き盛りの五〇～五九歳で「立地の利便性」最優先の人が最多になる程度で、それほど大きくはない。年代に限らず、利便性が重視されるようになったことが分かるだけである。

†「閑静」という概念が時代に合わなくなっている

利便性という言葉から多くの人は交通の利便性を思い浮かべるだろう。都心への近さがポイントになるのかと。だが、前項アンケートの「立地の利便性」には医療・介護・福祉的施設、日常的な買い物施設等へのアクセスの良さなども含まれており、必ずしも交通だけが優先されているわけではない。住んでいる場所周辺に生活に必要な多様な施設があることが求められているのである。

だが、今、求められている「多様な施設のある便利なエリア」は「閑静な住宅街」とは相容れないものである。多くの人が考える閑静な住宅街とは住宅オンリーの、住むためだけの無音に近い場所であり、そこには商店街も福祉施設などの存在も、場合によっては自販機すらイメージされてはいない。不特定多数が住宅街に入ってくるような想定もない。

これまでの閑静な住宅街は現代のニーズには合致しなくなっているのである。合致しないから選ばれないのであろう、閑静なだけの、住む機能しかない住宅街では高齢化が進行、衰退の一途を辿り始めている。その象徴的なものが土地を切り開き、住むためだけの場として作られたまち、団地である。UR(独立行政法人都市再生機構。かつての日本住宅公団やその後に発足した地域振興整備公団などが再編されたもの。公団住宅を管理している)などの団地はたいていの場合、地元自治体の平均以上に高齢化が進んでいる。長く住み続ける人が多いためで、古い団地ほどその傾向が強い。二〇一六年のURによる賃貸住宅居住者定期調査結果でも、六五歳以上人口の割合は三四・八%と日本全体の平均の二七・三%よりかなり高めになっている。

個別の団地で見ると前回の東京オリンピックが行われた一九六四年に入居を開始した千

葉県柏市にある豊四季台団地や東京都板橋区にある高島平団地のように高齢化率が地元自治体の倍に及ぶような例もある。

となれば、高齢者向けの施設が団地内に欲しいところだが、団地によっては1階の商業スペースに空きがあったとしても（実際には多数空いている）、当初設定した業種以外は入居できないとする例もあり、入居者の変化に応ずることすらできていない。頑なまでに住むだけの住宅街を作るという初期設定にこだわっているわけだが、その一方で団地再生に取り組む事例も少なからず出ている。低迷する住宅街を浮上させるためのヒントとして考えると、団地の取組みから学べることは多々あるはず。以下、いくつかの取組みに共通するポイントを見て行こう。

†住宅街再生は多機能化から

閑静な住宅街には三つの問題点がある。ひとつはまちに「住む」という機能しかないこと。二つ目は居住者の年代、属性が非常に近しく、均質であること。そして三つ目はその二つの状態が長らく固定されていることである。抽象的に言うとまち全体が動かず、微風すら吹かない状態になっており、そこに高齢化が重くのしかかり、徐々に沈んでいくとイメージすれば分かりやすいだろう。

これを変えるためにはどうすれば良いか。これまた抽象的に言えば、今そこにないモノを放り込み、シェイクし、軽くして賑わいを生み、浮上させていくのが手だろう。その具体的な方途のひとつは機能を追加、多機能化することである。たとえば、前述の柏市豊四季台団地で模索されているのは「働く」という機能の追加だ。同団地では超高齢化に対応、高齢者が安心して暮らすことができるまちづくりを目指して取組みが行われているが、そのひとつが「いきがい就労の創生」だ。

第1部で触れたように団地は職と住を切り離すことで成立したまちである。そこにもう一度職を持ち込むことで高齢者に住みやすいまちを作ろうというのだ。住んでいる、暮らしているだけでは、そこに住んでいる人は幸せになれないと言い換えても良い。働いて社会との接点を持つことが暮らしのクオリティを上げると考えると、人もまちも何かひとつだけが満たされているだけでは続いていかないものなのかもしれない。次項でも職住分離の無駄について触れるが、ここでは生きがいとしての労働が中心である。

高齢者が地域で就労することは地域にとっては社会的人材の活用であり、地域の課題解決への手助けとなる。豊四季台団地で行われている事業の柱の中には子育て支援があるのだが、高齢者が地域で働くことで人手不足が解消され、良い保育が提供できれば、それを求めるファミリー層の流入も考えられる。福祉サービスも同様。就労の場を作ることでまちの魅力をアップさせ、新たな人が入ることで停滞を脱する可能性が出てくるのである。

実際の事業は農業、生活支援、子育て、食、福祉の五分野からなっており、二〇一三年三月末現在でそのうちの食を除く四分野で事業が行われており、すでに一五二人が就労しているという。例を挙げると最も多くの人が働いているのは地域にある特別養護老人ホームで五七名、市内の農業者有志が設立した有限責任事業組合が行っている休耕地利用の都市型農業事業では四九名が働いており、子育て支援施設では一七名が就労している。事業としての収支その他課題がないわけではないようだが、確実に働く高齢者は増えている。

†多世代利用・多世代交流を図る

同年代、似たような属性ばかりが集まって停滞しているのであれば、異なる世代、属性の人たちを呼び込み、それをシェイク、つまり交流を生むという手はないか。多くの団地で試されているのは多世代が利用、交流する場を作ることだ。

一九九七年から建替えが始まった多摩平団地では解体予定だった住棟五棟を民間に転貸、多世代交流を図るという試みを行って注目された。昔ながらの和室三室の3Kは、
①コミュニティ食堂や小規模多機能居宅介護施設などを備えた共同住宅
②小屋付き専用庭、貸農園などを備えた共同住宅

③団地型シェアハウス

という三種類に生まれ変わったのだ。①は高齢者、②はファミリー層、③は単身者が主な入居者として想定されており、このエリアにいなかった層が入居することとなった。

多世代が住むだけではなく、その人たち同士、さらには周辺の住民が自然に触れ合う仕掛けも作られた。公道から一番奥まった場所にある①の共同住宅内には外に開かれた食堂があり、誰でも利用できる。②に隣接して設置されているのは貸農園。運営しているのは民間の貸農園事業者で、こちらも入居者でなくとも利用できる。さらに③の敷地内にはカーシェアリングが用意されており、地域の人達も使えるなどなど。外から新しい人達を呼び込み、旧来からの人たちと混ぜ合わせると言えばよいだろうか、それによって団地を再生しようとしたのである。また、まちの機能という意味で言えば、「遊ぶ」「学ぶ」などの機能が付加されたとも言える。

URはこれを「ミクストコミュニティ」と称し、推進しているが、本来は団地以外の閑静さから衰退しつつあるまちでも意識されなければいけない点である

あるいは豊四季台団地に二〇一四年に開設された多機能なサービス付き高齢者向け住宅も人を呼び寄せ、混ぜ合わせる装置としては好例だろう。一階に内科、小児科、外科、整形外科などのクリニックと調剤薬局、二階には保育施設に学童ステーションが入っており、

多世代が利用、交流できる施設になっているのである。

公共的な施設を多世代が利用できる、多機能なモノにしようという動きは国の動きでもある。財務省主計局が二〇一四年に作成した「社会資本整備を巡る現状と課題」の中でインフラ長寿化計画の見本として紹介されているさいたま市では、ハコモノ三原則として「施設の更新（建替え）は複合施設とする」ことを挙げている。効率的に予算を使うという意味が大きいが、加えて多機能な複合施設にはまちにブラックボックスを作らないという意味もある。

ブラックボックスとは「中身がわからない不気味なもの」が語義だが、まちにとってのブラックボックスは自分に関係のない場所と考えれば良い。具体的には単機能な施設である。単機能な施設は使う人を限定するため、それ以外の人達には不要な施設である。若者は高齢者向け施設に近寄らないし、男性は女性専用施設には近寄らない。同様に住むという機能だけのまちにはそこに住む人しか訪れない。閑静な住宅街とはそのような場所だ。

だが、多機能な施設、まちにすれば多世代、多属性の人が集まり、混ぜ合わされる。まちの場合には多機能な施設をあちこちに点在させれば、そこを人が動き回り、それが停滞を打ち破り、まちに賑わいを生む。賑わいは閑静な住宅街を再生する薬というわけだ。

†人の流れがないまちは壊死する

まちの賑わいは人間の身体にたとえてみると分かりやすい。まちにとって人の動きは人間の身体で言うところの血流である。人間の身体は血流が隈なく巡っていることで健康に保たれている。ところが、どこかにその血流を止める場所ができたらどうだろう。血が流れなくなった部分はあっという間に壊死する。まちの場合には人体ほど瞬時に変わるわけではないが、人の来ないブラックボックス的な施設から先は徐々に壊死する。

世田谷区三軒茶屋にあった商店街が良い例だ。メインストリートから一本入ってすぐのところにあった、遠方からも買い物客が集まる魚屋が閉店、マンションに変わった。住んでいる人以外には不要、無縁なブラックボックスができたと言っても良い。

その通りを訪れる人は減り、マンションより先にはあまり行かなくなり、通りの店も影響を受けた。徐々に閉店する店、住宅に変わる店が出るようになり、今では以前は商店街だったんだろうなと思わせるような場所になっている。他の人にとって不要な施設＝マンションがその先の商店街を壊死させたのである。その結果、閑静な住宅街が新たに生まれたことにはなるが、地域の人たちにとってみれば住んでいる人以外には不要、無縁なブラックボックスができただけである。しかも、それは今のニーズである利便性を欠くまちである。住む人にとって幸せかどうか。疑問である。

商店街の弱体化も人が流れなくなったことで起きる。魚屋、肉屋、八百屋、酒屋その他生活に必要な、多くの人が買いまわるだろう商店が揃っているうちは人は店を巡って商店街で買い物をし、血が巡る。ところが、魚屋がなくなり、肉屋が無くなると、人は商店街内で動かなくなり、動きが途絶える。そして徐々に商店街は壊死していくのである。

そもそも、意思を持って作られた商店街は零細個人商店が生き残るための組織として「横の百貨店」という概念を持って誕生した。「商店街はなぜ滅びるのか」（新雅史著　光文社新書　二〇一二年）は「横の百貨店」という発想の必要性を以下のようにまとめている。

「零細小売店が百貨店に対抗するためには、質のよい商品を消費者に提供し、かつ、その場所に行けば何でも揃う空間をつくる必要があったからである。零細小売店は、個々バラバラではなく、それぞれを束ねる統一体でなければならない。そのためにも、町内の店のすべてを専門店にして、一つの百貨店にすることがよいというわけである」

百貨店、スーパーなどのライバルに激しい危機感を抱き、生き残りを模索した時代には水平に個人店が集積し、多様化することに存続意義を見いだしていた商店街だが、歯抜けの、多様性の無くなった状態での存続は難しい。

これをまちに当てはめて考えると、まちを再生させるためには住んでいる人はもちろん、それ以外の人にとっても必要あるいは気になる多様な施設、スポットをまちのあちこちに作り、まち全体に血が巡るようにすることが大事ということになる。卑近な例としては住宅街の中にわざわざ訪れたくなる隠れ家的な店や空間などがあり、人が街中を出歩いているまちだろうか。そんなまちは浮かび、住む人が駅と家以外の往復しかしないまちは沈むというわけである。

事例① 新しいまちは最初から多様（川崎市幸区・コトニアガーデン）

閑静な住宅街が均質、単機能であり過ぎたことの失敗を踏まえて、新しいまちづくりでは多世代交流、多機能化は最初から意識して進められている。たとえば、二〇一八年春に開業したコトニアガーデン新川崎（神奈川県川崎市幸区）はJR東日本都市開発が手がける複合開発だ。約一万一五〇〇㎡の敷地内には芝生や菜園、遊具エリアなどを挟んで五棟の建物が作られる計画で、賃貸住宅、物販、飲食から医療施設、学童保育、薬局などが入る店舗棟（二棟）、高齢者福祉施設、認可保育園が予定されている。入居する業種、業態などを見るだけでも様々な年代を対象にした多機能な施設であることが分かる。

加えて多世代交流の仕掛けとして合計で三〇〇〇㎡に及ぶ広場などを用意しているほか、賃貸住宅、高齢者福祉施設の一階には地域の交流室を整備するという。ここでは各種ワークショップや料理教室、カルチャースクールなどといった活動が行われ、地域にも開かれた場として活用されることが期待されており、季節ごとに、地域交流なども意図したイベントなどを開催するとしている。賃貸住宅も一LDKから三LDKが六〇戸とシングルからカップル、ファミリーまでと幅広い世代を意識している。かつては似たような住民層を集めることで入居者間のトラブルを防ぐことが上手な賃貸住宅経営とされたものだが、意識は確実に変わっているわけだ。

また、開業前から工事現場の仮囲いを活用、地域の子どもを対象にしたお絵描きイベントなども開かれており、早い時点で交流を図る姿勢も明確である。新しく作ったまちでもいずれは古くなる。であれば、早いうちから、古びないような仕掛けを仕込んでおきたいというわけである。

†まちは四〇年目から過疎化する

閑静で単機能な住宅街が停滞から脱し、多様化、多機能化を考えるべき必要を示唆する研究がある。公益財団法人ハイライフ研究所が二〇一五年に発表した「高齢化と加齢化で進む都市居住の新陳代謝　ＰＨＡＳＥ３　東京圏遠郊外、縮退格差時代の到来」である。同研究所は東京一〇～二〇キロ圏、三〇～四〇キロ圏を研究した上で、五〇キロ圏の七二ユータウンを調査。誕生してからの年数による変化を三段階に分けて俯瞰している（図3－4、図3－5）。

それによるとニュータウン開発から二〇年目くらいまでは初期微動の段階とされ、子どもの独立が始まり、タウン内での住み替えが出始める時期だという。親の介護、相続の到来なども始まり、住宅としては設備更新などが必要にもなり、人によっては退職も視野に入ってくる。住み替えを考えたり、リフォームを考えるタイミングでもある。

入居から三〇～三五年くらいで次の段階が訪れる。同研究は希薄化現象が起きる段階と

縮退フェーズ2／過疎化現象
（代：顕在期）

タウン開発・入居から40～45年。
高齢化率に続いて、空家率が急上昇。
住宅地の荒廃が、居住不安を募らせていく。

◆居住者
・高齢化率がさらに上伸し、人口減少の進行が誰の目にも明らかに。ペットさえ見かけなくなる。
・独居老人、タウン内介護者が一般化。
・1階の一部屋しか電灯が灯らなくなる。日中、雨戸も閉まったまま、共助の観点から、タウン見回り隊を発足する取り組みが一般化していく。

・タウン内居住者が被相続人に。

◆住宅
・人気のない住宅地は相続後放置される。
・夏草に飲み込まれる住宅がそこかしこに。
※上物があると、固定資産税が安いので取り壊さない。←目下、問題化

・空家率急上昇

・住宅地の格差がさらに開いていく。住み替えできる（買い手がいる）タウン、住み替えできない(限りなく価格が下降していく)タウン。

東京圏の郊外戸建住宅地では該当事例がまだないと思われるが、あえていえば高齢化率と空家率が同じ40%のURの大型団地が該当。

図3-4　縮退の3ステップ（仮説）／東京50km圏

初期微動

タウン開発・入居～20年。
タウン内で住み替えが出始める。

◆居住者
・子供の独立が始まる
・世帯主リタイヤメントがボチボチ到来
　→ペット急増
　　ライフステージの変化時期が到来。
・親の介護問題・相続到来により住み替えインパクトに突然襲われることもある。

　※リストラ、ローン破綻で売りに出されるケースも少なからずある。

◆住宅
・この時点では、家の外観や間取りは十分通用するので、リフォームは屋根・壁の塗りかえに留まる。
・住宅設備機器の更新時期がボツボツ到来。奥さんの嘆きが始まる。

・退職金でどこまでリフォーム投資をするかが悩みどころ。

・将来のことを考えて、いっそ住み替えてもよいと思う人も。

バブル経済崩壊後に開発、販売された千葉、茨城県の4住宅地が典型的な事例。
（ガーデンシティ湖南、季美の森、ウッドパーク四季の丘、光葉団地）

縮退フェーズ1／希薄化現象（代：潜伏期）

タウン開発・入居から30～35年。
高齢化率上昇、空家率は低位安定。
長寿化により、この期間が長くなる傾向に。

◆居住者
・高齢化が急伸する。
・独居老人が出始める。
・駐車場から車が消えていく。
・2階に電灯が灯らなくなる。

・しかし、空家率はまだ高まらない。
・縮退がジワジワ進んでいるが、世帯の縮小が進行している状況。
・生活便の良いところに住み替える人が出始める。

◆住宅
・大規模リフォーム時期到来。
　やるならバリアフリー。
　※リフォーム市場の大半は高齢者。
　　戸建て住宅リフォームは高齢者割合がさらに高い。

・人気のある住宅地では建て替えが始まる。
・人気のない住宅地では、住宅の追加投資がされずに、街並みが劣化していく。

・結果、住宅地の仲介価格の差が開いていく。

住人の高齢化率が40％に近づいているが、しかし空家はそれほどでもない事例。
（鳩山ニュータウン、めじろ台）

出典：「研究報告 高齢化と加齢化で進む都市居住の新陳代謝 PHASE 3　東京圏遠郊外、縮退格差時代の到来」（2015年・公益財団法人ハイライフ研究所）

しており、高齢化率が上昇、空家率も低位安定する時期としており、長寿化により、この段階が今後はさらに続くようになるだろうとの予測も。

居住者の変化としては高齢独居が増え、駐車場から車が消え、二階の電気がともらなくなる。つまり、入居者が住宅内に引きこもり出すと言っても良いのかもしれない。住宅には大規模なリフォームが必要になってくる。

この時期、人気のあるニュータウンでは建替えが始まるが、人気のない場所では住宅への追加投資が行われず、街並みが劣化していくとあり、この時期の状況がニュータウンの将来を左右すると思われる。

入居から四〇~四五年経つと、過疎化現象が顕在化する。高齢化率に続き、空家率が上昇、まちの荒廃が居住者に不安を与えるほどになってくるのである。独居の高齢者単身世帯が多くなるのはもちろん、介護が必要な人も増えていく。住宅では一階の一部しか使われなくなり、日中も雨戸がしまったままというケースも目に付くように。

相続人が住む、管理するなどすれば良いが、そうでない住宅は放置され、周囲に迷惑を及ぼすようにもなる。幸い、同研究所では現段階ではこの最終段階にまで至っている郊外一戸建て住宅地はないとしているが、今後は分からない。また、この研究が取り上げた七事例はそれなりに規模のある地域で景観を考えた街並みが作られており、それが魅力とな

図3-5　鳩山ニュータウンの将来人口推計
（2005-2010コーホート変化率法）

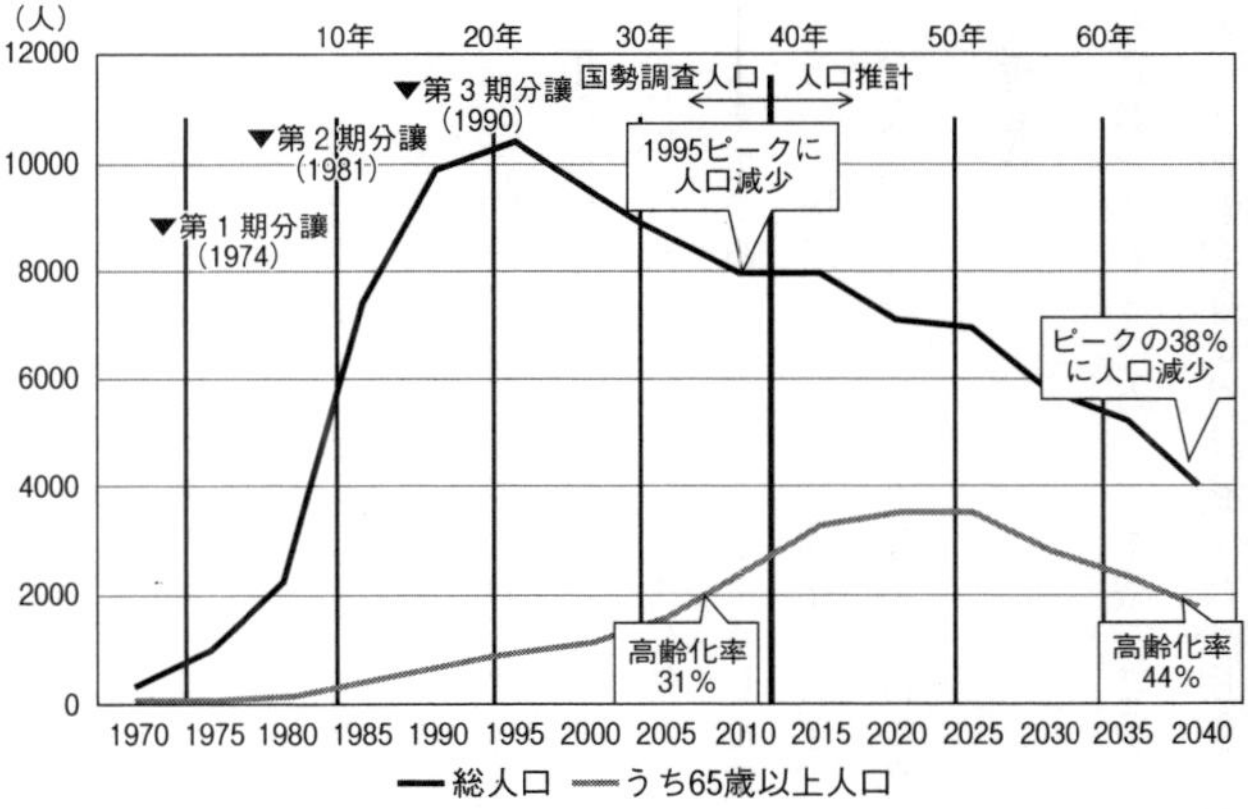

出典：「研究報告 高齢化と加齢化で進む都市居住の新陳代謝 PHASE 3 東京圏遠郊外、縮退格差時代の到来」（2015年・公益財団法人ハイライフ研究所）

っている。だが、そこまでの気を使わず、ただ、住宅だけを建てた小規模な宅地開発は各地で多数行われており、そうした区画についてはさらに劣化が進んでいるであろうことは想像に難くない。

自然に人が流入、転出が行われているまちであれば、居住者は適宜入れ替わり、特定の年代だけが集住することはない。だが、分譲住宅のためだけに開発され、ある一定期間に居住者が集中したようなまちでは居住層が固定され、過疎化することは十分あり得る。それを防ぐ、つまりまちが長く生き延びるためには静けさを守るためにまちに新しいものは入れないと頑張るのではなく、なんらかの形で転出、流入が行われ、住む人の新陳代謝が図られる必要がある。

そうした新陳代謝を促進するために必要なのが多様性であり、多機能化である。住宅でいえば分譲の一戸建てだけでなく、駅周辺に若い層向けの賃貸があるような地域であればまち全体としては高齢化が多少なりとも食い止められるし、子育て世帯が入りやすいような住宅供給も考えられるところ。働く女性が増えていることを考えると、子育て支援施設も欲しい高齢者向けの施設ができれば既居住者の役に立つことに加え、新規に入居した若い層に雇用を提供できる可能性も生まれる。当然だが、今の居住者が求める利便性、つまり商店その他、従来の閑静な住宅街に無かったものも必要だろう。自然に新陳代謝が生まれているまちであれば、わざわざそうした場を作らなくても良いかもしれないが、衰退がはじまっている場所であれば過疎化を防ぎ、新陳代謝を図るために、多様な施設を作り、そこに新たな人を呼び込むような手を打つ必要があるわけだ。

†人が集まる場を作る

まちの衰退を留めるためには多機能で多世代が利用、交流できる場を作ることが大事なわけだが、一般に日本の住宅街では公民館以外に人が集まり、交わる場は作られていない。

これまでの住宅街では人は家の中にいるべきものだったのである。

だが、まちの衰退や高齢化に危機感を持った人たちが集まり、まちを変えようという話が出ると必ず、議題に上がるのは公民館のように制約が多い場ではなく、自由に集まれる場を作ることだ。近年は簡単にメディアを作れるようになっており、WEB上で様々な意見を交わし、知り合うことは容易だ。だから、たいていの活動は最初にWEB上に拠点を作り、情報発信を始める。だが、それではまちを変えることはできない。リアルな場がなければ、リアルな動きや繋がりは生まれないからだ。そしてリアルな関係でなければ、まちをシェイクすることはできない。

その結果、日本のあちこちで生まれているのがコミュニティカフェと呼ばれるものだ。これは飲食は提供するものの、それ以上に地域（コミュニティ）の課題を改善あるいは解決することを目指して運営されるカフェのことで、七〇～八〇年代から登場。最近では増えつつある空き家を利用して作られることも多い。運営者は自治体など地域住民によるグループやNPO法人、大学の研究室や一般の企業など多岐にわたるが、大半が飲食の専門家ではなく、大きな収益を期待していないところに特徴がある。

それよりも子どもや高齢者の居場所となり、それが次第に世代間交流の場に発展する、地域の見守りや安心に寄与する、高齢者がスタッフとして働くことで生きがい創出の場となるなど地域に人のつながりを生み、それがまちの停滞を打ち破っていくことに主眼が置かれているのである。

東京でも文京区本駒込の住宅街にある築六〇年の木造家屋を利用した「こまじいのうち」、池上本門寺の門前町大田区池上で閉店した古民家蕎麦店を改装した「古民家カフェ連月」、かつてとんかつ店だった店舗を利用した豊島区長崎の宿＋ミシンカフェ「シーナと一平」など様々な場が生まれており、地域に繋がりと賑わいを生んでいる。

と書くと、たかだか一軒カフェなどができるくらいのことでまちが変わるものかと思う人もいるかもしれないが、それが意外なほどに変わる。二〇一八年一月にオープン、あっという間に人気の場所になった喫茶ランドリーが好例だ。同店は墨田区千歳にある築五〇年超のビルの一階を改装して作られているのだが、改装途中に訪ねた時にはこんな人通りのいない通りに喫茶店など作って人が来るかと心配になるほどだった。元々は倉庫や工場の多い地域で、そこに数年前からマンションが増加したのだが、公園はあるものの、人が集まるような場所は皆無だった。

そこに喫茶ランドリーができた。オーナーである田中元子氏は建物の一階がまちに開いた空間になればまちは変わると考えており、同店はその実践の場所。来た人には自分が使いたいように使えば良いと伝え続け、今では地元の老若男女のみならず、地元にオフィスを構える会社が会議をするなど様々な使われ方の場に。それまで会うことがなく、会話の生まれようのなかった人たちの間に会話が生まれ、ここに住むことが楽しいと思う人が生まれている。家からまちへ、人が外に出て行くことでまちは変わり始めるのである。閑静を盾に人が家の中に閉じこもっているまちには将来はないと言っても良い。

†賑わうまちは開いている

繋がり、賑わいが閑静なまちを停滞から救う薬として考えた時、面白いのは今、賑わっているまちはいずれもが物理的に、精神的に開いているということだ。たとえば、ここ数年、中年男性だけではなく、若い男女が集まるようになった北区赤羽。夕方以降に歩いてみると、道路にはみ出すようにテラス席が作られていたり、中が丸見えの店舗があるなど路上から店内の賑わいが見えるようになっており、楽しげな雰囲気が視覚から、聴覚から感じられる。

初めて来たまちで知らない飲食店、しかも外から見えない飲食店に入るのは勇気がいるが、オープンな店ならそうした躊躇は感じにくくて済む。また、多くの店舗が競合しているからだろう、どこの店も入るかどうか悩んでいる客を見つけてはフレンドリーに声をかける。この開かれた雰囲気が次から次に人を呼んで、賑わいを増幅しているのである。

もちろん、公道にはみ出した席は違法ではあるが、赤羽の場合、年に何度か警察の取り締まりはあるものの、日常的にはそれほど厳しく規制されてはいないと聞く。まちによってはこうしたある種の逸脱を許さず、厳格に取り締まる場所もあるようだが、道路の使い方のある意味の鷹揚さ、ゆるさが赤羽に賑わいを生んでいると考えると、まち全体としてはあっても良い選択のように感じる。

実際、国土交通省も賑わいを生む場としての道路には着目しており、二〇〇三年に「道路空間活用の柔軟化に対する通達」が出されて以降、徐々に民間の道路利用への道が開かれて来た。二〇一一年の都市再生特別措置法の改正（道路法改正）では「道路占用許可の特例」、二〇一四年の国家戦略特別区域法では「国家戦略特例道路占用事業」によって具体的な道路空間活用の法律ができ、オープンカフェ、コミュニティサイクル、エリアマネジメント広告などが可能となった。

さらに二〇一六年に改正された道路交通法では、道路の維持管理に協力する団体として道路協力団体なる制度が作られた。この制度の特徴は道路協力団体であれば、維持管理に関わる費用を捻出するための収益活動を道路上で実施できるという点。道路交通法では道路利用に当たっては警察の使用許可が必要とされているが、道路協力団体があらかじめ道路交通法に定められた業務を行う限りにおいては道路管理者との事前協議のみで占用許可が不要となる仕組みとなっているのだ。

この法改正に至る取組みの中でひとつ、二〇〇五年に国土交通省道路局が出した「道を活用した地域活動の円滑化のためのガイドライン」の中の「ガイドライン策定の背景」を紹介しておきたい。

「かつて『道』は人々の往来と様々な活動の喧騒が入り混じる空間でした。交通のインフラであると同時に、『道』は生活の場であり、子ども達の遊びの場にもなっていました。（中略）欧米では、道路空間を活用して継続的・反復的にオープンカフェなどが展開され、観光の目玉として賑わいを見せるとともに、地域の活性化にも寄与しています」

道路もまた、住宅街同様に、モータリゼーションの進展により交通のためだけに存在する単機能の場となっていたのである。それを見直し、「昔のような道の多様な活用を目指して、継続的・反復的に道を活用して行う地域活動を推進することとしています」とガイドラインは続けている。閑静で単機能な場から、多様で賑わう場へ。活性化、つまり生き残りを求めるのであれば、発想を変える必要があり、国は道やその他の公共空間でそうした規制緩和をすでに行いつつあるのだ。

さて、開いた場所の話に戻ろう。赤羽同様、杉並区西荻窪、世田谷区松陰神社前、近年穴場として注目度を集める足立区北千住など、このところ、若い人が好んで集まるまちにはどこも、オープンに人が交わる雰囲気、場がある。逆にいえば、停滞しているまちに賑わいを取り戻す、閉じこもっている人たちを外に出そうとするなら、こうした開かれた、人と人が会話するような場を作るのが有効だ。

実際、そうした試みはコミュニティカフェに限らず、各地で行われており、そうした試みがあるまちなら今後も残っていく可能性があると思われる。歩いてみてオープンさが感じられる、人が集まっている場所があるかどうか、チェックは容易だろうと思う。

具体的にどのような試みがあるかを見る前に、少し脱線するが、場を作る際に必要な土地について書いておきたい。土地にはどのようなものがあるか、それぞれの使い方でまちがどう変わるか、それを知っておくことで現在行われている試みが分かりやすくなると思うからである。

†公有地でも私有地でもない「入会地」

日本には現在、基本的には二種類の土地しかない。公有地と私有地である。役所や学校、体育館などの公共施設その他が建っている土地や道路、河川などが公有地で所有しているのは国や地方公共団体など。そしてそれ以外は基本的には住宅や商業施設などの私有地だ、誰が所有しているのかがはっきり分かる土地だけしかないと言っても良い状態である。

だが、かつてはもっと曖昧にみんなのものとされていた土地があった。入会地である。これは村や集落など、共同体の構成員全体のものとされた土地で、薪炭、用材、肥料用の落葉を採取した山林である入会山と、まぐさや屋根を葺く萱などを採取した原野、川原などの草刈場の二種類があったとされる。

私自身がリアルにこの存在を知ったのは三〇年以上前の学生時代。農村地理のゼミで富山県平村（現在の富山県南砺市）を訪れた時である。この地域はいまや、世界遺産にもなっている合掌造りで有名で、その屋根を葺くための萱場が入会地だった。といっても、当時の合掌造り集落は今ほど観光地化されておらず、集落から離れた萱場はかなり荒れていた。その萱場から刈り出された萱は結と呼ばれる集落単位の共同作業で順に葺き替えられるのだという。一軒でできるような作業ではないため、集落で共同して作業に当たるのだが、それでも当時は人手が足りずに大変だと聞いた。

また、その当時は入会地までいかずとも、公と私が曖昧でもあった。公道で遊ぶ子どももいれば、私有地である空地や雑木林で遊ぶ子どももいたし、路上は社交場でもあった。だが、そうした曖昧な場所はどんどん減り、私有地である住宅はオートロックを構え、無用のものの立ち入りを許さなくなったし、道路や公園もまた、誰もが好きに使える場では なくなった。厳しく峻別され、公園での各種禁止事項に見るように使い方も使える人も定められており、それ以外は否定されるようになっているケースが少なくない。

さて、結、入会地を思い出したのは、それから三〇年余経った二〇一四年一〇月に港区虎ノ門で行われた小屋展示場でのこと。このイベントでは住宅の可能性を広げる試みのひとつとして小屋が展示されていたのだが、そこでひとつの小屋をみんなで作る、コミュニティビルドという言葉を聞いた。作業を通じて建物を作るだけではなく、人間関係をも作るという意味でダブルミーニングのこの言葉に結を思い出し、ひとつの作業に複数の人間が重なり合うという空間、時間を共有するやり方に入会地を思い出した。

同時に思い出したのは前述の赤羽や西荻窪のような、公有地と私有地の狭間にある、ある意味入会地的な空間の賑わいである。「閑静なまち」には言外に家の外で騒ぐな、家に閉じこもっていろ、他人に迷惑をかけるなという意図が感じられるが、人が我が家に閉じこもり、まちに出てこないことで孤立、コミュニケーションが不足し、子育てや介護その他に生きづらさを感じているのなら、それを引っ張り出し、会話を取り戻すために入会地的なものが必要ではないのかと思ったのである。人がまちに出てくるようになり、交わるようになれば会話は生まれ、相互理解は深まろう。人を通じてまちに愛着を持つようにもなり、賑わいも生まれ、そこに新たな人が集うようになるだろう。

精神的なものでもよし、リアルな空間的なものでもよし、実際の所有形態とは別に私有地でもなく、公有地でもない、多くの人の交わり合う空間という意味での入会地（法的な意味で正しいかどうかはさておく。また社会的共通資本やコモンズなどといった先行的、類似性の高い概念については説明が長くなるため、ここでは割愛する）、それが閑静でひきこもりの人が多いまちを楽しく、持続性のあるものに変えるために必要ではないかと思うのである。

事例② 庭を開くオープンガーデン（西東京市、小平市、港北区、流山市その他）

実際、社会のあちこちで私有地あるいは公有地を利用して入会地的な、誰もが入ってこられる場を作ろうという動きが起きている。まず、官からの呼びかけで私有地を開く試みとして比較的広く行われているのがオープンガーデンだ。これは個人の庭などを一般に公開する活動のことで、一九二七年にイギリスで始まった活動で、日本で一番最初に始めたのは残念ながら東京ではない、長野県の小布施町だ。

もともと、小布施エリアには入口で「お庭ごめん」と声をかければヨソの庭を通り抜けても良いという文化があり、それを現代風にしたものとでもいえば良いだろうか。二〇〇〇年に三八軒でスタートしている。小布施町のホームページではこの試みを「『ガーデン』よりも『オープン』が小布施町のオープンガーデンです」と解説しており、来訪者に開かれたまちであることが同町の魅力としている。

ちなみに小布施町は長野県下では最小の自治体で人口は二〇一七年八月一日時点で一万一〇〇〇人ちょっと。ちょっと古くなるが二〇〇八年時点で年間一一一万人強が訪れる観光地となっており、そこにはこうしたオープンマインドな交流が寄与しているものと思われる。観光客数が多いだけでなく、小布施町はリピーターも多いのである。

小布施町は工場や倉庫、民家が景観を意識しつつも混然一体となっている場所であり、多様性を感じる地域のひとつ。それもまた、何度も訪れたいまちになっているようである。これから目指すべきまちとして魅力のある場所という意味でも参考になるまちである。

小布施町以降、首都圏近郊でも様々なまちがオープンガーデンに取り組んでおり、東京都下では西東京市、小平市、あきる野市など。神奈川県では横浜市港北区、相模原市など、埼玉県では深谷市、加須市、川口市安行、北本市、鴻巣市など、千葉県では流山市、柏市などが取り組んでいる。

首都圏の場合、観光としてよりも、会話が始まるきっかけ、住まいを外に開く意識の醸成、地域の活性化などの意味が強いと思われるが、まちにインパクトを与えていることは間違いない。こうした開く意識のあるまちのほうが新陳代謝も起こりやすいはずである。

事例③ 我が家の一部を開く「住み開き」

私有地である我が家の一部を開放する「住み開き」という試みもある。音楽から空き空間活用、コミュニティの演出などに関わるアサダワタル氏が二〇〇八年以降提唱している言葉で、簡単に言えば自宅の一部をコミュニティの場として開放するというもの。二〇一二年に出版された『住み開き――家から始めるコミュニティ』（筑摩書房）には我が家を劇場にしたり、地域の人たちのお茶の間的な空間にしたり、劇場やイベント会場にしたりというような事例が多く紹介されている。オープンガーデンと違うのは行政からの呼びかけではなく、住んでいる人自らの意思で開くことだ。

よく自宅でホームパーティーを開く海外の人たちに比べると、庶民が住宅を取得するようになって以降、日本人は我が家に誰かを招くことが少なかった。結婚式ではよく「友達が気軽に遊びに来るような家庭を作りたい」と聞いたものだが、その人たちが人を呼ぶことは極めて少なかったと思う。転居通知に「お近くにお出での節はお立ち寄りください」は全くの社交辞令であるケースが多かった。

だが、住み開きからも分かるように、その意識はここ一〇年ほどで大きく変わってきている。留学その他で海外での暮らしを経験している人が増えていること、シェアハウスの登場で他人と一緒に生活することに抵抗が無い人たちが増えていることなどが要因だろう。以前より気軽に人を我が家に招ける人が増えているのである。

図3-6　東京在住者のうち東京出身者の割合

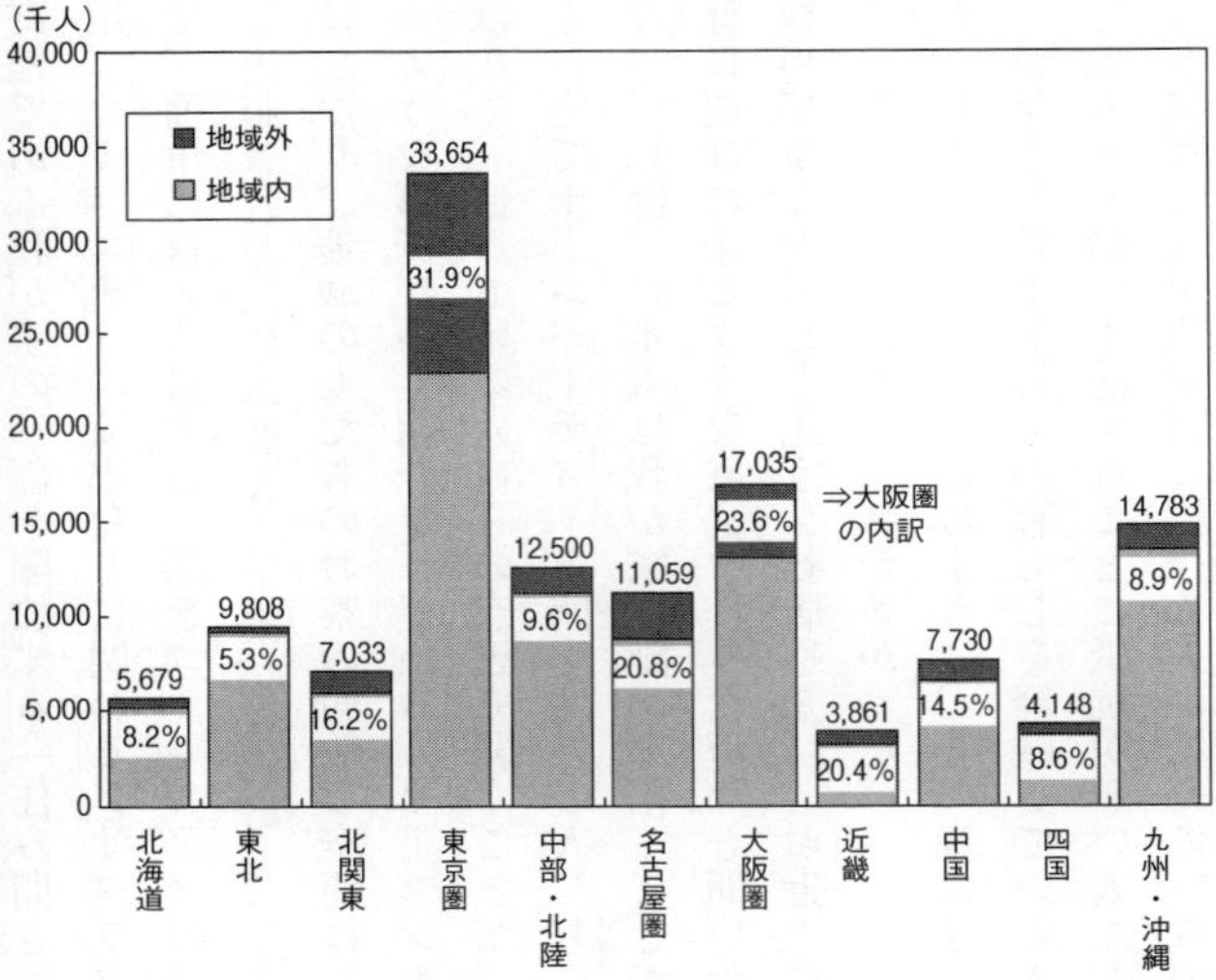

出典：「第５回人口移動調査の概要」（国立社会保障・人口問題研究所）をもとに国土交通省国土計画局作成
※14,731世帯（32,534人）を対象とした抽出調査による推計値

言い換えれば、人間関係の距離の取り方が少しずつ変わってきているということでもある。一九六四年の東京オリンピック時、水不足に陥った東京で東京砂漠という言葉が流行したそうだが、その後、一九七六年にそのものずばりの「東京砂漠」なる歌謡曲が登場、東京の希薄な人間関係を指す言葉としてしばしば使われてきた。

だが、東京、特に首都圏という意味での東京に住む人の多くはそもそも東京に生まれ育った人ばかりではない。国土審議会計画部会自立地域社会専門委員会の二〇〇六年の参考資料によると、東京圏の地域出身者の割合は三一・九％。大阪圏が二三・六％、名古屋圏が二〇・八％であることを考えると、他地域に比して高い割合で他地域の出身者が居住しているのである（図3－6）。これを親の世代、つまり祖父母が東京圏以外に居住している人の割合でみると、おそらく、もっと高いはず。東京圏で生まれ育った、東京圏を郷里とする人はそれほど多くはなく、東京圏には多くの地方出身者が住んでいるのである。

そして、東京圏などの都会以外の地域では人間関係の濃密さ、しがらみの強さがしばしば指摘される。それを嫌って都会に出てきた人が濃密な人間関係を好むはずはなく、だからこそ、都会の人間関係は希薄に過ぎるのではないか。

濃密、希薄はいずれも極端である。本来は時と場合、相手によっても異なろうが、つかず離れずの適度な距離の、必要な時に助け合う程度の関係が必要なはずだ。それが長らく培われてこなかった日本で、ようやく、つかず離れず、互いに息苦しくならない距離の人間関係が築かれつつあるのではないか。シェアハウスや住み開きを実践あるいはそこに集う人達などを見ていると、そう思うのである。

そして、今後のまちの盛衰も、そうした人たちがいるかどうかがポイントになろう。希薄なままでは災害時に助け合うことはないだろうし、孤立して暮らしている人が自分の住むまちに愛着を持つ可能性は低い。一方、濃密過ぎるまちは嫌われる。とすれば、ほどよい距離感の人間関係というのはひとつ、キーワードになろう。

事例④ まちに開いたコモンキッチン（杉並区宮前「okatte にしおぎ」）

さて、住み開きは個人宅を開くものだが、スペースが小さいこともあり、影響がないとは言わないが、まちに対しての影響力は限定的になりがちだ。それをもう少し大きく、まちを意識して開いている例がある。事例を紹介しよう。

杉並区、西荻窪駅徒歩圏の住宅街の中に「okatte にしおぎ」という二階にシェア住戸四戸、一階にメンバー制の大きなキッチンや畳の間などのある、まちに開かれた施設がある。マーケティング・リサーチ会社を経営する竹之内祥子氏が祖父母から相続した自宅を子どもの独立後、将来の相続などを考えて改修したものでメンバーになると一階のキッチンで好きにご飯が作れるようになり、会費次第では小商いに活用することも可能になる。メンバー制というと閉鎖的に感じられるかもしれないが、月に一度は外に開いた形で okatte 商店街と称したイベントを開催、それ以外にもふらりと参加できるイベントなどが開かれている。

相続対策としてはアパート建設が一般的で、銀行もそれを勧めた。だが、まったく知らない人が入居、その人達とお金だけで繫がる関係が望ましいものと思えなかったという竹之内氏が模索の中で思い出したのはかつて訪れた夫方の親族宅の様子である。近所の人達が勝手に入って来ては囲碁をし、お茶を飲んで帰る。特に言葉に出して何を言うわけではないが、それが互いの息抜き、ガス抜きになっていたのだろう。その和やかで自然な場が、一人暮らしが増え、互いに孤立しているように見える我が家の近隣にあったらどうだろう。

そんな思いでスタートしたのは二〇一五年四月。当初のメンバーは三〇人ほどだったが、二年後には一〇〇人ほどに増えた。当初考えていたほど近所の人たちは入ってきてはいないが、それでも徐々にイベントなどに参加する人は増えている。現在は自転車で一〇分ほどの距離を中心に広く人が集まるようになっているそうで、この場があることで地域の認知度、価値も向上しているのではないかと思われる。

okatteにしおぎ同様、シェアハウスを中心に外に開かれた空間を持つ賃貸住宅も増えてきている。会員制のコモンスペースを持つ荻窪家族レジデンス（杉並区）、入居者用のキッチンの他に地域で使えるコモンキッチンのある常盤平のみかんハウス（松戸市）、一階の倉庫、駐車場部分にマルシェやイベントその他で地域の人が使えるコミュニティスペースを作った武蔵新城のパサール新城（川崎市）、地域に開かれたサロンとシェアオフィスからなる根津のアイソメ（文京区）など、それぞれに異なる活動をしながら地域と繋がりつつあり、如実に地域が変わりつつある例もある。

ところで、竹之内氏、企画を担当する不動産会社の齊藤志野歩氏に取材した折にひとつ、印象的な言葉が出た。それがokatteにしおぎの雰囲気を伝えていると思われるので紹介したい。「ストロングタイ」「ウィークタイ」という社会学の言葉である。直訳すれば強い紐帯、弱い紐帯だ。前者は自分の家族や親友、職場の仲間といった社会的つながりが強い人々を指し、後者はそれよりも緩やかなちょっとした知り合いなどを言うが、okatteにしおぎに集まる人達の関係は後者だという。

強い仲間意識があるわけではなく、なんでもかんでも一緒にやろうではなく、必要があれば手伝い、助け合う。そうした緩やかなネットワークがokatteにしおぎが目指すものであり、集まる人たちはそうした繋がり方に共鳴するところがあるのだろう。ほど良い距離感が人を集め、賑わいを生んでいるのである。

†緩いつながりが動きを生む

しかも、「ウィークタイ」はつながりの距離感のみを指しているわけではない。言葉自体はアメリカの社会学者マーク・グラノヴェッター博士が発表した社会的ネットワークに関する論文『The strength of weak ties』に登場するもので、弱いつながりのほうが有益な情報をもたらす可能性が高いとしている。

論文はボストン郊外に住むホワイトカラーの男性二八二人を対象に、就職先を見つける際に役立った情報の入手経路を調査しており、調査対象者の一六%は会う頻度の高い、社会的つながりの強い人からの情報で就職しており、残り八四%はまれにしか会わない、社会的つながりの弱い人からの情報で就職していたという。しかも、弱い紐帯からの情報で就職した人のほうが満足度が高かったとも。

図3-7　okatteの共用キッチンにて
竹之内氏（左）と齊藤氏（右）

だが、冷静に考えると、こうしたことは日常的にあることだ。家族や同僚、長い付き合いの親友などといったつながりの強い人は同じような環境、生活スタイル、価値観、情報入手ルートを持っているケースが多く、均質性が高くなりがち。繋がりが強くなればなるほど、会話の中で全く知らない情報が出てくることは少なくなってくるのが一般的だろう。

ところが、それが緩いつながりとなると多様な意見、職業、背景を持つ人たちが含まれるようになる。

違う視点からの意見、全く目にしたことのない情報に接する機会が生まれ、アイディアやヒントをもらうことにもなる。その刺激が新しい活動を生むというのだ。

私自身、okatteにしおぎでそのような瞬間を目撃した。メンバーがアイディアを持ち寄り、それをプレゼンテーションし、面白いアイディアに投げ銭をして実現させていこうというイベントだった。そこでオペラを聞きながらドイツ料理を食べるというアイディアが出たのだが、この時点では何をするかも明確でなかった。ところがその場に親族にドイツに詳しいオペラ歌手がいるという人がおり、料理も知っているという。それ以外にも「詳しい人を知っている」「●●さんと一緒にやると早い」などと具体的な提案が出た。緩いつながりの多様なメンバーが集まることで妄想レベルのアイディアはあっという間に実現可能になったのである。

†強い繋がりが逆効果になることも

これをまちに置き換えて考えると、まちをなんとかしようと頑張る自治会や町内会などがあったとしても、そうした強いつながりだけでは足りないということになる。実際、前述の論文は弱い紐帯は強い紐帯をつなぐものとして機能し、有益な情報が伝播していくために大きな役割を持つとしている。強いつながりは同質性、類似性が高いため、孤立しがちで外からの情報も入りにくくなる。だが、そこに弱いつながりが加われば、風通しの悪さを打破し、新たなアイディアを得ることができるようになるというのだ。

問題は既存の強いつながりを持つ団体が弱いつながりとの連携を認めようとするかである。思い出すのは高齢化が進むある千葉県の団地で見た風景だ。その団地の中庭では毎月コンサートが開かれている。だが、ほとんど来場者はおらず、私が訪れた時にも多めに見て一〇数人である。これではあまりに演奏者もかわいそうだと聞いてみると、告知は立て看板とチラシのみである。開催が周囲に伝わっていないように思えた。

「地元の若い人達と連携してネットで告知するようにしてもらえば来場者を増やせるのではないか」という私の質問に答えがなかったのが答えである。長年、自分たちが頑張って来たものを他人に任せられるか。そういう思いなのだろうが、それではその活動本来の目的である、まちの賑わいは生まれない。

だが、残念ながら、こうした例はいくつも聞く。町内会など昔からの強いつながりの団体が頑張れば頑張るほど、周囲からは孤立し、人は離れる。だが、その内部にいる人達は内側しか向いていないので、外は見えない。私はこれを「内側を向いて円陣を組む」と呼んでいるが、日本人はまちに限らず、人が集まった場ではこれをやりがちである。頑張ってはいるが、内側しか向いていないのでニーズには合わず、空回りする活動。善意からか、権力欲からかは知らない。そうした団体が主役であるまちはいずれ衰退していくのだろう。

事例⑤ オフィスなのに公民館（千葉県大網白里市・大里綜合管理）

まちの停滞を救うためには公有地と私有地の間に誰もが出入りできる入会地的な空間が必要という流れに戻ろう。西荻窪の大家さん、つまり不動産の所有者が場を開いている例に続いては場を仲介する人達、つまり不動産会社が作っている場を紹介しよう。千葉県大網白里市にある大里綜合管理という不動産会社である。

同社ではまちの清掃や駅のトイレ掃除、学童保育、地元の高齢者を先生にしての塾その他三〇〇以上という驚くほど多数の地域活動を行っており、その場となっているのは大手不動産会社が地元で分譲を行った際のモデルルームだったという社屋だ。創立三〇周年を機に購入したもので、一階ホールでは隔月で一〇〇人ほどの講演会が開かれるといえば、その広さが分かるだろう。社員二五人ほどの会社とすれば大きすぎる社屋だが、同社はこれを地域に開き、シェアの言葉が一般的でなかった頃から多くの人と一緒に使ってきた。

たとえば、二階には「コミュニティダイニングおおさと」というランチ時の三時間だけ開くレストランがあり、地元の主婦などが日替わりでシェフを務める。もう、九年ほども続けており、その結果、ここから三人が独立、起業したという。

あるいは一階にある会議室は棚ショップ「ハンズフル」になっており、六〇人ほどの作家が自作品を展示、販売している。出品料金は一カ月一〇〇〇円で店番をやるとタダになる。室内中央に置かれたテーブルを使って教室を開くことも可能だ。一〇～一七時の営業時間外を利用して会議室としても利用されており、使っていない時間が家賃を生む仕組みだ。

一階にはギャラリーもあり、一週間一万円で借りられるし、二階その他には教室として使える部屋もある。建物入口では地元産野菜が売られているし、金曜日の昼にはプロによる無料コンサートが開かれる。通学に困難を抱えている子ども達を対象にした塾もあれば、映画会や落語会が開かれることもと挙げだせばきりがないほどの活動が行われており、不動産会社のオフィスでありながら、地域の人なら誰でも利用できる入会地であり、公民館。地域の人達はまるで自分の家ででもあるかのように自然に入ってくるのである。

こうした活動を支えているのは地域の魅力を作ることが不動産の仕事であるという信念だ。それを説明するには、同社の成立ち、歴史を説明する必要がある。

同社は現社長である野老真理子氏の母が勤務先の倒産を機に女手ひとつで五人の子どもを育てるために始めたもので、建築、不動産と並び、同社の売上の三本柱のひとつとなっている不在地主の空地管理事業からスタートした。年間一万五〇〇〇円で年四回の見回り、年二回の草刈りに報告という地道な作業を四二年間続け、現在では八五〇〇人ほどの顧客を抱えるまでになった。女性の少ない不動産業で、地方、小規模というハンディを抱え、一人当たりにすれば決して大儲けできる額ではない仕事を営々と積み上げてきたわけで、それが地域に対する感謝に繋がっているのである。

また、女性中心でやってきた会社という点も大きい。創業者だけでなく、野老氏自身も三人の子育て、介護を経験してきており、社員にも子どものいない女性はいないというほどだ。となると、仕事第一主義にならないのはもちろん、家庭、地域を大事にしようと気持ちが強くなる。地域では不動産会社とお客であると同時にお隣さん同士であったり、PTA仲間であったりと様々な関係がある。そこでいい加減に立場を変えて付き合っても見透かされてしまう。職場が地域、まちなのであり、そこから逃げるわけにはいかないのである。となれば、地域に対して誠実であろうとするしかない。それが同社の地域に徹底的に向き合う姿勢になっている。

事例⑥ 入居者専用食堂でまちの人気沸騰（神奈川県相模原市淵野辺・東郊住宅社）

もうひとつ、多少対象は限定されるが、まちの入会地的な場を作り、それによってまちの価値を上げている不動産会社をご紹介しよう。

図3-8　トーコーキッチン
外から内部が見え，思わずのぞきたくなる作りのトーコーキッチン

横浜線淵野辺駅（神奈川県相模原市）と聞いても、多くの人はそれがどこにあるか、想像できないだろう。だが、このところ、上京してくる新入生の中には通学に不便でもこのまちに住みたいと考える人が増えている。理由はひとつ。淵野辺には地元の不動産会社東郊住宅社が経営する入居者専用の食堂「トーコーキッチン」があるからだ。

ここは入居者なら部屋と共通のカードキーを使って自由に出入りでき、朝食一〇〇円、ランチ・夕食五〇〇円の日替わりメニューを中心に一杯一〇〇円のコーヒーや三〇〇円のキッズプレートなど大手企業の社員食堂顔負けの価格で食事がとれる。しかも、提供されているのは安全性に配慮した、業務用食品などを使わない手作りの食事である。

この食堂を始めたのは東郊住宅社二代目の池田峰氏。食堂運営を思いついたのには三つの要因があるそうで、ひとつは単身者、シングルマザー、一人暮らしの高齢者などの入居者層には安全な食へのニーズがあると考えたこと。二つ目は賃貸物件の価値向上はこれまで大家さんの努力によるものが多かったが、すべての大家さんの物件の価値を上げるためには、何か、新しい発想が必要だと思ったこと。そして最後のひとつは自社をより選ばれる会社にするためには他にないサービスをと考えた結果である。

オープンは二〇一五年一二月二七日。池田氏が考えた通り、安価に安全な食を入居者に提供するという他にないサービスは話題になった。メディアへの登場も多く、二〇一六年度のグッドデザイン賞ではベスト一〇〇および特別賞［地域づくり］も受賞した。

その結果、元々青山学院大学、麻布大学、桜美林大学がある学生街ではあったものの、積極的に選ばれるほどではなかった淵野辺はわざわざ住みたいまちに変貌。近隣にある大学はもちろん、都心にある大学に進学する学生からも問い合わせがあり、現状、管理している不動産だけでは足りないため、大家さんを募集するセミナーを開催するほどに。トーコーキッチンが淵野辺の知名度を大きくアップさせたのである。

ただ、トーコーキッチンの意義は安価、安全な食にのみあるわけではない。現地へ行ってみれば分かるが、ここで欠かせないのは池田氏の存在。氏は日に三度ほどと多くの時間をここで過ごし、入居者に声をかける。一言、二言の会話のうちに、入居したてで不安そうな表情が緩んでくるようなケースも見かけた。東京で一人暮らしを始めたばかりの人たちにとっては、学校・勤務先以外の、会話のある、孤立しないで済む場所と言っても良い。

入居者以外に同社社員や関係者、大家さんなども利用できるため、そこでも会話が生まれている。働く人もできる限り、入居者やその関係者から採用しているそうで、使用する食品や置かれている産品なども同様に地元の商店街や入居者の実家の品を置くなど縁のある品。トーコーキッチンという場を媒介に関係のある人達とモノが繋がりあうと考えれば、それが地域の入会地というにふさわしい場であることがお分かりいただけよう。入居者専用という枠があるため、多少限定はあるが、入居者と一緒なら友人も入れるため、ハードルはそれほど高くはない。

当初、池田氏は同社が管理している物件すべて、そして同社の価値を上げようと考えたというが、結果としてはまちの人達をシェイク、価値をも上げたことになるわけだ。

†不動産会社からまちを見る

本来、地域、まちで商売をする人はかくあるべしである。お客さんは地域であり、まちにいる人達なのだ。地域が疲弊し、まちに人がいなくなってしまったら商売は成り立たなくなると考えれば、大家さん、不動産会社がまちに関与しようと考えるのは当然だ。大家さんは場を持っているし、不動産会社は場を手配することができもするため、地域に関わりやすいというアドバンテージがある。

特に不動産会社の場合はそれが生き残りに大きく関係する。宅建事業者は現在、全国で約一二万社。コンビニエンスストアの約五万軒に比べても非常に多く、今後の人口減少で廃業せざるを得ない会社も相当数出るであろうことが推測されるのだ。

地域密着型の不動産会社の業界団体である全国宅地建物取引業協会連合会（以下全宅連）では二〇一五年から「新しい不動産業を目指して」とサブタイトルのある研究報告書を出し、日本全国で今後の不動産業のあり方の手本となるような会社を紹介している。そこで全宅連は地域ともっと密接に関わることを提案しており、報告書では地域の安全性を確保する、地域の魅力を高めるような活動をしている会社が三年間で五〇社ほど紹介されている。そのうち、関東地方に限定すると一〇社ほどだろうか。

大里綜合管理のように社屋を地域に開かれた場として使うにはスペースの問題もあり、なかなかできることではないが、地域を意識した活動を行う会社は確実に増えている。その点から考えると面白い活動をしている不動産会社があるまちは地域の魅力が維持されやすいとも考えられる。大家さんの活動はなかなか目に見えないが、不動産会社であればホームページやブログなどから読み取れよう。どんな不動産会社があり、何をしているのか、そうした観点でまちを考えるのも面白いかもしれない。そうした事例をご紹介しよう。

事例⑦　大規模開発の隙間に個店誘致（中央区日本橋浜町・安田不動産）

大型再開発はまちの多様性を損なう結果になることが少なくない。建物が新しく大きくなると、不動産価格、賃料が上がり、それを払える人が限定されてしまうからだ。そのため、再開発後のビルに元の地権者が入居あるいは出店したとしても長くは続きにくい。その後に入るのは資金力のある大手チェーンが中心となり、まちの個性、多様性はどんどん失われることになってしまう。

その結果、開業時は良いものの、時間が経ち、周囲に競合が増えると競争力を失うことも多々。といっても防災上の問題があり、場所によっては大規模開発は必要である。問題はそこに多様性という観点を持ち込めるかどうか。

それに対する解答のひとつが、東京の都心部、中央区日本橋浜町で不動産会社が中心になって行われている。浜町を含む日本橋人形町界隈は都心の中では昔からの居住者が多く、銭湯や八百屋などといった個人中心の業種に、盆踊りや地元神社の祭礼その他の地域の行事が生きているエリア。近年では再開発も含め、大小様々な規模のマンションが増加、子育て世帯なども増えている。

その浜町の大型ビルの合間に面白い個店を次々に誘致、開業させている安田不動産は明治時代からのこの地の地主さんである。そもそもは細かく分割して貸地としていたそうだが、一九九七年から二〇〇五年にかけてそれを共同化。オフィス、住宅などの入る三棟の再開発ビルを建設してきた。ところが、この数年、都心部での再開発が続いているせいもあろう、同エリアのオフィスビル全体の競争力強化が必要になってきたという。

その動きにどう対応したら良いか。もちろん、建物のリノベーションその他は行われてきており、それ以外に何ができるかを考えた結果、まちの価値そのものを向上させることでオフィスの価値をも引き上げようという案にたどり着く。

幸い、エリア内には自社管理している、元社員寮、駐車場、駐輪場などの遊休地があった。それを利用したのが二〇一五~二〇一六年にかけてオープンした飲食店三店である。そのうちにはミシュランガイド東京二〇一七に選ばれた蕎麦屋もある。

また、二〇一六年には同社が開発した複合ビル、トルナーレ日本橋浜町一階の広場を利用、産直の野菜が並ぶ浜町マルシェを三カ月ごとに始めた。二〇一七年には「街のリビング」をコンセプトにした書店兼カフェ、スモールオフィスなどの入った複合ビル Hama House、一九六一年築の印刷工場ビルをリノベーションしたHAMA1961もオープンさせた。

当初、こうしたやり方には反対の意見もあったという。高度利用してマンションにしたほうが儲かるのではないか、蕎麦屋を作ってまちの競争力が上がるのかなどなど。だが、まちの魅力を磨き、働いている人にも長く滞在してもらえるまちを作ることのほうが最終的には選ばれるまちを作ることになるという結論となった。

この決定には地元の町会などとの繋がりが深い同社ならではの立場も関わっていると思われる。多くのデベロッパーは地元の町会等とはあまり協働したがらない。開発に口を挟まれるのが面倒と思うからだろうが、地元にそっぽを向かれての開発が長期的に生き残れるとは思えない。

事例⑧ まちに必要な場を作る（文京区千駄木・尚建）

「まちづくり、まちおこしは嫌いだ、まちは作るものではない」と言いながら、まちに必要な、でもなかった多様な施設を作り続けている不動産会社がある。近年では観光地化著しい谷根千（谷中、根津、千駄木）エリアのひとつ、千駄木にある尚建だ。

いくつか事例があるが、分かりやすいのが観光客で賑わう谷中銀座商店街のど真ん中に作ったThings・YANAKAだろう。木造二階建ての、元々はドラッグストアが一階のみを使っていた店舗で、普通に貸すと家賃は二五万円。とても若い人、個人商店には出せない賃料だ。近年の谷根千は観光客目当てで、あるいはここに店があるということを売りにしたい業種の出店が多く、家賃が高騰している。そのため、どんどん面白い個店は出店できなくなっているし、かつ観光客向けの店ばかりが並ぶようにもなっている。

だが、観光に頼る商店街はブームが去った後が怖い。地元の人にとっては使えない商店街にもなってしまう。そこで、尚建の徳山明氏が考えたのはスペースを小分けにして複数の仕事をしているパラレルキャリアの人や副業、小商いなどのための器を作るというやり方。元々このエリアはモノ作りの伝統がある場所でもあり、モノを作る人達を集めたら良いのではないかと考えたのである。

そこで、大家から建物を借り、それを入居者に転貸するサブリースという仕組みを利用、建物に関しては徳山氏が改修を行った。改修費の一部はクラウドファンディングで集めた。生まれたのは一階に一軒、二階に二軒が入るシェアショップだ。入居したのは台湾茶販売、包丁などの研ぎ屋にヴィンテージ古着店と、地元の既存商店とバッティングすることのない三者。観光客向けで考えていたら入りそうにない業種でもあり、これによって商店街の幅も広がったというものだ。

同社ではまち全体を宿と見立てるという考えで話題になった宿泊施設HANAREや、

古民家を利用して誕生した飲食店OKAERIなどにも物件の契約その他で関わっている。いずれもまちの多様性に寄与しそうな施設だが、こうした企画を実現させるためには多々の障壁がある。加えて実現したところで、大きく儲かるわけではない。

逆に実現のためには自腹を切る、リスクを背負う可能性もある。実際、Things・YANAKAでは借金をしたし、HANAREでは賃貸契約の新しい類型を使う必要があったため、国土交通省その他に相談に行くなどの手間もあった。普通に不動産を仲介していたほうがはるかに楽で儲かる。だからだろう、業界紙その他に取り上げられることはあっても追随する会社はさほど多くはないのが残念なところだ。

✝公有地も開かれつつある

さて、ここまでオープンガーデン、住み開き、大家さんや不動産会社の場を開く試みなど、私有地を開く動きを見てきたが、公有地も開かれつつある。道路については前述した通り、社会実験を経て少しずつ使われるようになりつつあるが、同様に公園や水辺などこれまで使われてこなかった場を使う試みが始まっている。

たとえば公園では都市公園法が改正され、二〇一七年六月一五日に施行された。都市公園とは国立公園・国定公園・都道府県立自然公園など自然公園法の対象となる公園を除いたもので、都市景観の形成、都市環境の改善、防災性の向上、生物多様性の確保、豊かな地域づくりに資する空間の提供、レクリエーションの場などのための空間を位置づけられる。

この改正で注目されるのは都市公園内にこれまで設置できなかったものが設置できるようになったこと。これまでは公園関連施設とされる休憩所、休養施設、遊戯施設、運動施設、売店、トイレ、管理施設など以外で設置が認められるのは災害用倉庫などごく一部に限られていた。ところが、今回の改正では保育所などの社会福祉施設（通所利用）、民間事業者による公共還元型の飲食店、売店などの収益施設が設置できることになった。保育所、保育園、認定こども園、学童クラブやカフェ、レストラン、ショップなどを公園内に作れるようになったのである。加えて、原則二％とされていた建蔽率も地方公共団体の条例で緩和することが可能になった。公園という性格上、無制限に建物を建てるわけにはいかないのは当然だが、それでも一〇％程度までは可能になるのではないかと言われている。

それ以外で大規模公園施設のＰＦＩ事業（民間資金等活用事業。民間が事業主体として資金やノウハウを活用して公共事業を行う方式）による設置管理許可期間の一〇年から三〇年への延長、公園運営に関する協議会の設置、都市公園の維持修繕に関する技術的基準の策定などが挙げられており、民間、特に地域の人たちが関与しやすくなったと考えれば分かりやすい。

と、ここまで読んで、あれ?と思った人もいらっしゃるだろう。カフェやレストランができるようになったというが、上野恩賜公園にはスターバックスがあるではないか。二〇一六年に完成した豊島区の南池袋公園にもカフェがあって居心地が良いとあちこちで話題になっているではないか。

実際には以前から都市公園法を緩和する手段はあった。上野公園の場合には二〇〇九年に東京都建設局が上野恩賜公園再生基本計画を策定する際にオープンカフェを作ることが盛り込まれており、それに都知事が許可を出した。その結果、他の公園では見かけない民間が経営するカフェが二〇一二年にオープンできたのである。カフェの収益のうちの一部は公園の緑化事業など公園の整備に充てられることになっており、公園を気持ち良くしつつ、公園を維持するための費用も捻出するという仕組みである。

二〇一六年に完成、気持ちの良い空間が区外からも人を集めている南池袋公園も同様で二〇〇七年に公園地下に変電所を設置する計画がスタートし、そこでこのスペースを将来に向けてどのようなものにしていくかを検討する時間が生まれた。元々の公園自体は一九五一年に戦災後の区画整理事業で生まれ、長らく地元の人も近づかない暗くて危険な場所とされてきた。再生させるためにはどうすれば良いか、様々な思案がなされたはずである。

閉鎖中の二〇一一年には東日本大震災があり、防災を再考する機会となった。さらに豊島区は二〇一四年に二三区唯一の消滅可能性都市に指定されており、行政はもちろん、住民も大きなショックを受けた。消滅などという事態を招来させてはいけないと豊島区は公共空間を官民一体となって活用することを模索、「人が主役の街づくり」なるスローガンを掲げた。防災的に役立つと同時に、地域に賑わいを生む魅力的な空間を作ろう。それが見える形になって姿を現したのがこの公園なのである。

そのため、公園内に作られたカフェ一階には防災時の備蓄があり、マンホールトイレも設置されている。カフェは災害時、炊き出しをすることにもなっている。また、二階は本を読んだり、学習体験などの賑わいづくりに使えるスペースと位置付けられている。上野公園同様売上の一定割合は公園の維持管理や地域協議会「南池袋公園をよくする会」の運転資金に充てられている。この会は行政と地域とが協働し、公園の保全と健全な賑わいを創出し、地域の活性化を図ることを目的に作られており、商店会・町会・区の代表者、隣接地権者、カフェレストラン運営者、学識経験者などで構成されている。いずれはこの会が公園の運営に当たることも想定されているようだ。

さらに二〇一七年四月からは同公園や池袋東口グリーン大通りなどの公共空間を活用して一帯に賑わいを生むプロジェクトも始まった。運営するのは区民も含めた民間主導のP

PPエージェント会社nestで、毎月第三週にマルシェを開催するほか、各種イベントを仕掛けていく予定だとか。

豊島区では南池袋公園に続き、サンシャインシティ近くにある造幣局東京支局跡地を活用した造幣局地区防災公園（仮称）や、豊島区庁舎跡地エリアに建設予定の複合商業施設、「ハレザ（Hareza）池袋」周辺の公園などのリニューアルも計画しており、自治体がその気になればまちは大きく変わることが分かる。そしてもうひとつ分かるのは、日本一人口密度の高い豊島区ですら、賑わいを生む工夫が必要な時代なのだということである。公園などの公共の土地をどう使おうとしているか、自治体の姿勢もまた、まちの浮沈に大きな影響力を持つともいえよう。

水辺の活用

公園に比べると場所が限られるが、もうひとつ、公の土地でかつ曖昧な空間として活用しうるものとしては水辺が考えられる。水辺には河川、港湾、漁港の三種類があり、それぞれに主管する省庁、法律が違うが、もっとも使える可能性があるのは河川だという。理由はいくつか挙げられるが、大きいのは二〇年前の一九九七年に改正された河川法である。

この時の法改正では治水、利水に加え、河川環境の整備と保全、公共の福祉を増進することが法の直接の目的として加えられた。また、ここで言う環境とは自然環境だけに留まらず、生活、都市などすべての環境と解されており、非常に幅が広い。そのため、自然を保全するのみならず、住民のための多種多様な場として河川を使うことが可能になったのである。また、河川敷を使うにあたって必要な河川敷地占用許可準則も数度に渡って改正、見直しされてきており、河川は公園、道路同様に使える場になりつつあるのである。

二〇一四年以降、国土交通省水管理・国土保全局は「ミズベリング・プロジェクト」と称した、賑わいを失った水辺の可能性を創造していくプロジェクトを推進しており、この二年間で全国四〇カ所で市民、企業、行政関係者が一堂に会した水辺活用を考える会議が開かれるまでになっているが、これを可能にしているのは法の裏付けなのである。

水辺は特別な空間でもある。ミズベリング・ディレクターで建築家の岩本唯史氏によると「水辺は都市の辺縁にあって自分のモノと思っている人が少ない、曖昧な空間であり、所有権、私有権、利害関係などとも無縁であることが多い。その一方で水辺で過ごす時間は他の場所よりも豊かで気持ちが良く、水の流れ、循環を考えることで自然の摂理を学ぶこともできるし、多くの人が関わり、利用しあう河川の仕組みを考えることは公を考える場ともなる」のだという。

実際の活用として身近なのは東京都が二〇一一年から行っている隅田川ルネサンスと称する隅田川河岸の活用だろう。水辺でイベント、ライトアップをしたり、船着き場を整備する、川に張り出したテラスを作るその他、様々な利活用が行われるようになっており、以前よりは川が身近になっているはずだ。

前述の岩本氏は二〇一二年から横浜市内を流れる大岡川で水辺荘というSUP（スタンダップパドルサーフィン）を中心に水辺を遊び尽くそうという団体をやっており、水上で花見をしたり、ヨガをするイベントなども行われている。京浜運河、勝島運河と水辺に恵まれた品川区では運河沿いのフェスやボートに乗る集まりなどが開かれており、地元の人たちの交流の場になっている。

都会では川や海はどこか遠い場所であり、使える場のように思っていない人も多いだろう。だが、危険を考慮し、法を配慮すれば水面は意外に使える。今後、まちの中に人が集い、交わる場を作るとしたら水辺は面白く、可能性もあるのではないかと思う。

†住宅以外があるまちのほうが裕福

ここまで閑静な単機能なままのまちはいずれ過疎化すること、まちの再生には多様化、多機能化する必要があり、そのためには開かれた、入会地的な場が必要であること、開かれた場は私有地、公有地とともに作れることを見てきた。そうした場があり、人が交わり、多様性を受け入れるまちであれば高齢化とともに消滅することはなかろう。住んで楽しいまちであり続けるだろうということだが、ここでは全く違う観点をひとつ提示したい。多様なまちのほうが裕福であるということだ。

それが分かるのは総務省が毎年出している「地方公共団体の主要財政指標一覧」のうち、地方公共団体の財政力を示す指数「財政力指数」からである。これが高い団体ほど、財源に余裕があるとされ、指数が一を超すと国からの交付金が無くなる。そこで、首都圏の各都府県で財政力指数が一以上の団体を挙げてみたのが図3－9の一覧表だ。

眺めてみて分かるのは必ずしも都心部が高いわけではなく、逆に東京都のように郊外にある多摩エリアの団体のほうが財政的に豊かだということである。

この意味が類推しやすいのが千葉県だろう。都心に近く、古くからの住宅街として知られる市川市も挙がってはいるものの、数としては成田市、市原市、君津市、袖ケ浦市といった郊外の団体が多い。そして、これらの団体に共通するのは空港、工場など税源となる施設があることだ。市原市、君津市、袖ケ浦市は京葉工業地帯の一画で製鉄所、石油プラントその他が多く立地、それらが財政を支えているのである。浦安市も住宅地の印象が強いが、日本最大の機能を誇る鉄鋼流通基地「浦安鉄鋼団地」もある。

図3-9　財政力指数（平成28年度）

【東京都】

武蔵野市	1.49
調布市	1.25
港区	1.19
府中市	1.19
三鷹市	1.13
立川市	1.13
多摩市	1.11
小金井市	1.03
瑞穂町	1.02
国立市	1.01
国分寺市	1.01
羽村市	1.01

【神奈川県】

箱根町	1.41
厚木市	1.14
藤沢市	1.07
鎌倉市	1.06
寒川町	1.03
川崎市	1.00
海老名市	1.00
愛川町	1.00

【千葉県】

浦安市	1.52
成田市	1.28
袖ヶ浦市	1.09
市川市	1.03
市原市	1.00
君津市	1.00

【埼玉県】

戸田市	1.22
三芳町	1.03
和光市	1.01

財政力指数について総務省ホームページでは以下の説明をしている。「地方公共団体の財政力を示す指数で、基準財政収入額を基準財政需要額で除して得た数値の過去３年間の平均値。財政力指数が高いほど、普通交付税算定上の留保財源が大きいことになり、財源に余裕があるといえる」。

他の都県でも、たとえば埼玉県三芳町は印刷・出版関係を中心に企業の倉庫や流通センターが集積しているし、神奈川県鎌倉市は大船駅周辺を中心に大手企業の工場が意外と思えるほど多く、住宅地としての評価が高い東京都府中市にも企業名がそのまま町名となった東芝町があるほど。住宅以外の施設があるまちのほうが裕福なのである。

財政状況が住む人の幸せをすべて左右するとは思わないが、悪いよりは良いほうがよいことは間違いない。その観点からもまちは多様であるほうが住む人は幸せになれるはずだ。

†若い人たちはまちに何を求めているのか

多くの場合、まちに関心を持つようになるのは子どもの誕生が契機だ。大人だけの暮らしでは周囲の手助けは必要ないし、公共サービスもほとんど利用しないことが多い。強いていえば図書館や体育館などの公共施設を利用する人がいる程度だろうか。地域に無関心でも暮らしていけるのだ。

だが、子どもを持った途端に地域に目が向くようになる。実際問題として行政、地域と関わらざるを得なくなるためはもちろん、それまでは意識していなかった、今住んでいるまちが子どもにとって郷里になるかもしれないという思いが生まれてくるからではないかと思う。もうひとつ、契機になるのは高齢化だが、こちらは純粋にサービスが必要になってくるからである。

だが一方で、その必要がない若い年代はどんなまちを良しと思い、何を求めているか。これからのまちの在り方を考える上では意見を聞いておいたほうが良いと思われる。といっても、まちに関心のない人に聞いても利便性以外の答えが返ってくるようには思えない。

そこで文京区本郷でまちの活動に参加している大学生二人に話を聞いた。奇しくも二人はともに首都圏近郊の住宅とスーパーしかない、いわゆるベッドタウンと呼ばれるまちに生まれ育ち、実家は寝に帰るだけの場所という。そんな二人が住んでいるのはトイレ共同、風呂無しの古い木造アパート。誰かが帰ってきた足音、隣で人が生活している気配が感じられるという。プライバシーや利便性などを考えると選ばれるとは思えないタイプの住まいだが、一人暮らしに当たってワンルームという選択肢はなかったと二人。

「一人でいるのは好きではなく、誰か知っている人がいる、シェアハウスのようなところに住みたいと考えていました。実家は一戸建てでその中で家族の世界が完結する、シェルターみたいなものでしたが、アパートはそうしたかっちりした空間ではなく、じわじわと伝わってくるものがあります。それが拡張していったものがまちなのかもしれないと思っています」（山部翔太郎氏。取材後に卒業、現在は社会人）。

今、住んでいる本郷は変わりつつあるものの、それでも、建物ひとつにしても多様性がある場所だと東京大学大学院都市工学専攻の三文字昌也氏。

「歴史ある旅館や銭湯が建替えられてマンションになるなど住宅街化しつつあるものの、それでも明治以降の各年代の建物や商店が残されているなど本郷は多様です。均質な住宅だけがべた～っと広がっている住宅地とは生活圏としてかなり違います。歩いて行ける範囲をまちと考えると、その中に様々な要素があって魅力があり、豊かです」。

逆に言えば、彼らが生まれ育ったベッドタウンは多様な魅力に乏しかったということである。学生街である本郷は特に学生には優しい部分があり、それ以外にも多様な施設がある。それと比べるとベッドタウンは明らかに不利。多くのベッドタウンでは店があるのは駅前だけ、夜は人が歩いていないことも多い。だが、本郷は表通りにちょっと出たら、賑わいがあり、人がいる。しかも、顔見知りがいる。その距離感が居心地よいのだろう。

ところで、会話の中で印象に残った言葉がある。話が脱線、どこに旅したいかという話題になった時のことである。山部氏が「検索できないものを見に行きたい」と言った。世界中のほとんどのものが検索できる時代である。そして、彼らは生まれながらにインターネットを使っている世代。その彼らの興味を引くのは「検索できないもの」。

これをまちに置き換えてみよう。都心から何分、どんな施設があって、どんな制度があって……。まちのスペックのたいていのものは検索できる。では、逆に検索できない、検索しても実感できないものは何か。おそらく、これから人、特に若いデジタルネイティブな世代を惹きつけるまちはそうした何かがあるまちではないかと思うのだが、どうだろう。

†多様性を嫌う人達をどう考えるか

だが、最後にひとつ、大きな問題を提起しておきたい。ここまで何度も多様性という言葉を使ったが、本当のところ、この言葉にはいくつもの難しさがある。

世の中に多様な人がいることを認めるためには、人がそれぞれに違う意見を持っていることが前提になる。しかし、そもそも、それができないケースがある。自分と意見が違うというだけで相手を拒絶する人は少なくない。意見と人格は本来異なるものだが、意見が合わないからとその人自体を否定、感情的になって収拾が付かなくなる例は多々あるのだ。

まちのこれからを考えてA案とB案があるとして、本来の目的に則れば意見が違うからといっていがみ合う必要はない。どちらが良いかについて互いに論を尽くせばよく、さらにはどこかで歩み寄る必要もあろう。

だが、多くの場合、どちらも歩み寄らず、論は延々と平行線を辿る。それではまちの方向が定まるわけはなく、新たな展開は難しい。ビジネスであれば収益を上げるという至上命題があり、かつ社内には上下関係があるため、そこまでこじれることはないが、建前だけとしても平等で誰もが同じ権利を持っているとされるまちの中では、感情的なもつれへの発展を止める術がないのである。

また、居住層が多様だからといって、それをもって多様性があるとは言えない。たとえば郊外の団地などでは近年、外国人居住者が増えている。多様化が進んでいるわけだが、団地などを対象にコミュニティ作りを行っているHITOTOWAの荒昌史氏によるとコミュニケーションを取ろうとする外国人にあからさまな拒絶をする人も少なくないという。入居者間の断絶を問題とし、コミュニティ作りを頼まれてもうまくいかないこともあるそうで「多様化を嫌う人もいるのです」とも。

一般的に国際経験のない人、高齢男性にはそうした人が多く、自分が知らないことを認めたがらない傾向があるようだが、この辺りの問題は根が深く、深入りすると長くなりすぎ、世代論や生き方その他まで広がっていってしまう。ただ、ひとつ、分かることは国際理解があり、年代が若くなれば多少（ここが悩ましいところ。若くても理解のない人も）ましということ。

「東京都東久留米市のように街バルその他で盛り上がっているまちで動いている人たちは三〇～四〇代。それ以外のまちでもその年代が台頭しているまちは活気がある。人は人に集まりますから、中心に若い人がいないまちでは時代についていけないのかもしれません」。

高齢者が牛耳るまち、若者が活躍しているまち。それが今もそうだろうが、これからはより大きな差になってくるということだ。

2 「職住分離」という無駄

高度経済成長期に職住は分離され、遠距離通勤、専業主婦が誕生した。だが、それから数十年で経済状況はもちろん、社会も、働き方も当時とは大きく変わった。二〇一七年度の年次経済財政報告は二〇一二年一一月を底に経済成長は回復基調にあり、雇用も回復しているとしており、実際の雇用もかなり安定している。ただ、今後、往時のように経済が大きく成長する時代が訪れることはほぼ期待できない。年功序列や終身雇用などといった、一度就職すれば安泰、大きな会社であればなお安心といった神話はとうに崩れてしまった。

そうした背景の上で、働き方と住まいの関係をみると、大きく二つの方向があるように思われる。ひとつは従来の、企業に雇用される働き方を選択、それに合わせて住まいを選ぶというものである。もうひとつは東日本大震災後に明らかになってきた、自分の生活ややりたいことから働き方、住む場所などを考えるという、ある意味相反するものである。当然、選ばれるまちも異なることになるわけで、ここではまずは前者から見て行こう。

†雇用されている人は利便性優先

雇用から考えて住まい、まちを選ぶ場合にはいかに利便性の高い住まいを選ぶかがポイントになってくる。共働き世帯が多いこともあり、できるだけ通勤時間を短くしたい、家事などの雑事に時間をかけたくないという要望があるからである。

その観点で首都圏でこれから選ばれるまちとは足回りの利便性の高いまちである。住宅の種別でいえばマンションだろう。一戸建ては駅から遠い立地が中心である上、管理人がいないので些事に至るまで住んでいる人がやることになる。住戸内のフラットさ、家事動線など、家事のやりやすさで言えばマンションに軍配が上がるからだ。

実際、リクルート住まいカンパニーによる二〇一七年度「住宅購入・建築検討者調査」では一戸建て派が六六・二％と調査開始以来もっとも多くなっているが、詳細に見るといささか違う側面も見えてくる（図3－10）。全国的には一戸建てか、マンションかの希望では絶対に一戸建てという人が二七・三％いるが、これが首都圏になると二〇・三％と下がる。逆に絶対にマンションという人は五・八％から七・一％に増加する。年収別でみると絶対に一戸建てという人は四〇〇万円未満で三一・〇％となっており、年収一〇〇〇万円以上では二五・四％になる。また、家族構成・性別で見るとシングル女性がもっともマ

図3-10　一戸建て・マンション意向（全体／単一回答）

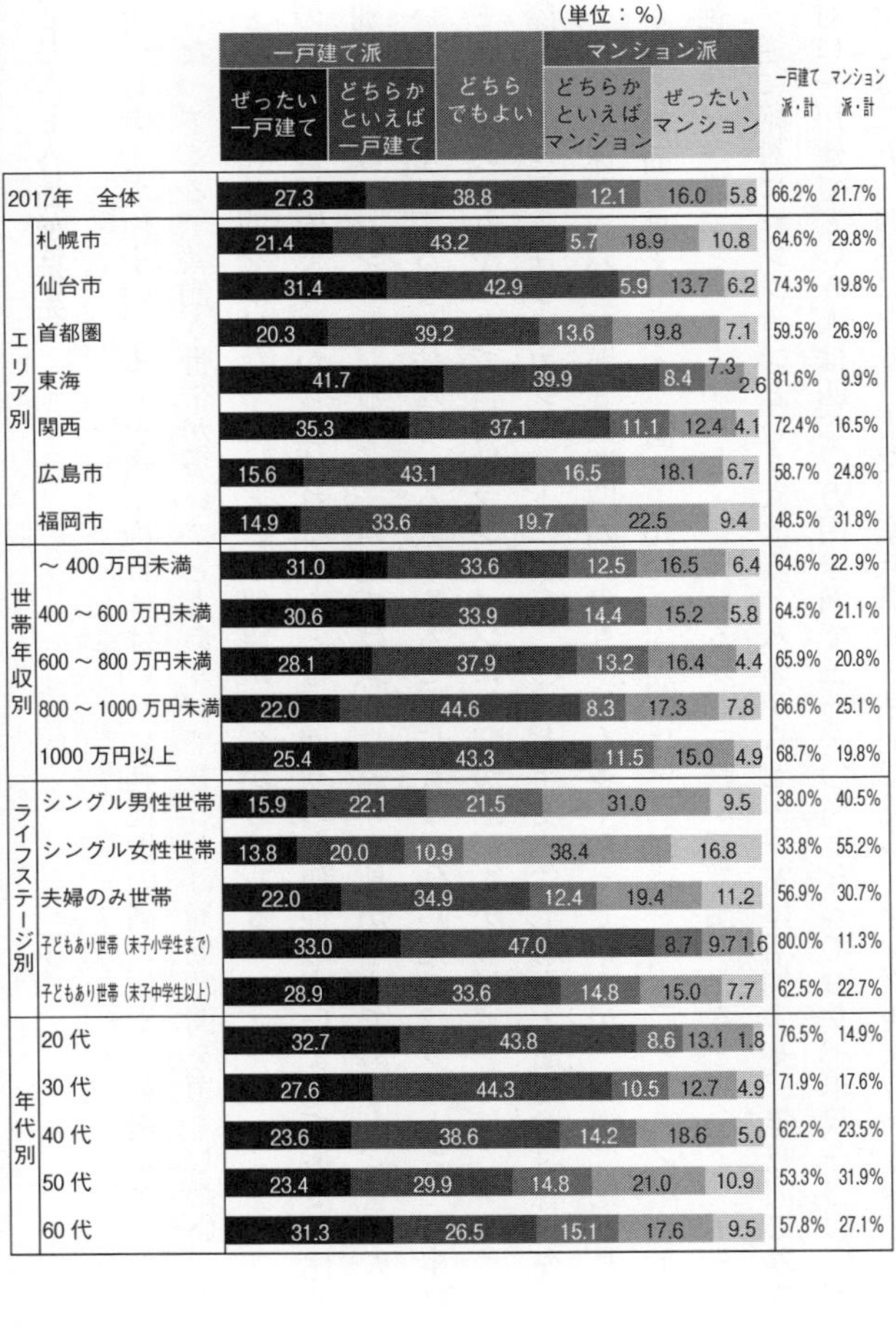
（単位：%）
一戸建て派
ぜったい一戸建て
どちらかといえば一戸建て
どちらでもよい
マンション派
どちらかといえばマンション
ぜったいマンション
一戸建て派・計
マンション派・計
2017年　全体 27.3 38.8 12.1 16.0 5.8 66.2% 21.7%
エリア別
札幌市 21.4 43.2 5.7 18.9 10.8 64.6% 29.8%
仙台市 31.4 42.9 5.9 13.7 6.2 74.3% 19.8%
首都圏 20.3 39.2 13.6 19.8 7.1 59.5% 26.9%
東海 41.7 39.9 8.4 7.3 2.6 81.6% 9.9%
関西 35.3 37.1 11.1 12.4 4.1 72.4% 16.5%
広島市 15.6 43.1 16.5 18.1 6.7 58.7% 24.8%
福岡市 14.9 33.6 19.7 22.5 9.4 48.5% 31.8%
世帯年収別
～400万円未満 31.0 33.6 12.5 16.5 6.4 64.6% 22.9%
400～600万円未満 30.6 33.9 14.4 15.2 5.8 64.5% 21.1%
600～800万円未満 28.1 37.9 13.2 16.4 4.4 65.9% 20.8%
800～1000万円未満 22.0 44.6 8.3 17.3 7.8 66.6% 25.1%
1000万円以上 25.4 43.3 11.5 15.0 4.9 68.7% 19.8%
ライフステージ別
シングル男性世帯 15.9 22.1 21.5 31.0 9.5 38.0% 40.5%
シングル女性世帯 13.8 20.0 10.9 38.4 16.8 33.8% 55.2%
夫婦のみ世帯 22.0 34.9 12.4 19.4 11.2 56.9% 30.7%
子どもあり世帯（末子小学生まで） 33.0 47.0 8.7 9.7 1.6 80.0% 11.3%
子どもあり世帯（末子中学生以上） 28.9 33.6 14.8 15.0 7.7 62.5% 22.7%
年代別
20代 32.7 43.8 8.6 13.1 1.8 76.5% 14.9%
30代 27.6 44.3 10.5 12.7 4.9 71.9% 17.6%
40代 23.6 38.6 14.2 18.6 5.0 62.2% 23.5%
50代 23.4 29.9 14.8 21.0 10.9 53.3% 31.9%
60代 31.3 26.5 15.1 17.6 9.5 57.8% 27.1%

ンション志向が強く、絶対にマンションという人が一六・八％ともっとも多くなっている。年代的には絶対マンションという人は五〇代に多く、一〇・九％。

厚生労働省の賃金構造基本統計調査の概況から推察するに、世帯年収で四〇〇万円未満世帯では夫婦の一方だけが働いている、あるいはどちらかがパート勤務という可能性が高く、一〇〇〇万円以上の場合は一方だけが働いている可能性もあるものの、夫婦がフルタイムで働いている可能性が高い。忙しい世帯ほど一戸建てにこだわっていないのであろう。同様に女性がマンションを選ぶ傾向があるのは使い勝手を優先するからだ。

二〇一七年一一月にニッセイ基礎研究所の久我尚子氏が「『パワーカップル』世帯の動向」と題した、購買力のある共働き夫婦についてのレポートを発表しているが、そこでは「年収七〇〇万円以上の妻では、持ち家のうち集合住宅が多く、利便性を重視してマンションを購入する層も多いようだ」とも。同レポートでは「『時間がない』ことを解決する消費の活性化が期待」ともしており、利便性が優先される暮らしが選ばれるであろうことが推察できる。

ここ二～三年、各種の住みたい街ランキングで山手線沿線の駅が多く挙げられるようになっているのも利便性重視の裏付けである。かつては住む場所、住みたい場所として上がることのなかった新宿、池袋などが意識されるようになったのは再開発などでタワーマンションが増えた結果である。規模の大きな再開発、タワーマンションには大量の広告費が投下されることもあり、まちのイメージは大きく変わる。上書きされると言ってもよい。山手線沿線であれば利便性は高く、ちょっとしたきっかけで人気が出るのは当然だ。

†ターミナルから五〇分圏までが選ばれるまち

では利便性で選ばれるまちはどこだろう。リクルート住まいカンパニーが運営する不動産ポータル、スーモが行っている住みたい街ランキング二〇一八で挙げられた一〇〇駅を地図に落としてみると面白いことが分かる。どの路線で見てもターミナル駅から最短乗車時間が四〇〜五〇分前後までしか選ばれていないのである。

たとえば、東京都では中央線立川駅が東京駅から、神奈川県では東海道線茅ヶ崎駅が品川から、小田急線海老名駅は新宿から、京王線橋本は新宿からでいずれも四〇〜五〇分前後。埼玉県でも大宮駅を除けば、川越駅、所沢駅、千葉県では千葉駅、茨城県では水戸駅を例外としてつくば駅も同様である。その共通性を考えると都心に勤務することを前提に住まいを考える人の許容範囲はこの辺りまでと推察される。電車に乗っている時間が五〇分として自宅から駅、駅から勤務先をプラスして考えると、最低でも一時間一〇分はかかる計算である。共働きの子育て世帯、特に家事の負担の重いことが多い妻の立場で考えるとそれでも遠い気がするが、遠くてもここまでと考えれば良い。

これを裏付けるのがJR東日本が二〇一五年に初めて行った首都圏の郊外路線の本数減である。同年三月に行われたダイヤ改正では多摩西地区で五日市線、青梅線、埼玉県内では川越線の高麗川から川越間で、千葉県内では高速道路との競合もあり、ほぼすべての特急列車の運転が縮小されているが、これらの地域はいずれも前述の四〇〜五〇分以遠。こうした削減は前身の国鉄時代を含めても、戦中戦後の混乱期を除けばなかったこととされるが、首都圏といえども郊外では交通にも影響を及ぼすほど、激しい人口減少が始まっているのである。

†不人気な西武新宿線、東武伊勢崎線

表からは沿線の人気、不人気も明らかに読み取れる。山手線や中央線のように複数の駅が挙げられている沿線もあれば、西武新宿線、東武東上線、京成線、相鉄線、武蔵野線、東武伊勢崎線などのように一駅も選ばれていない沿線もあるのである。もちろん、現在そうしたエリアに住んでいる人がそこに住み続け、縁故、土地勘のある人がその地を選べばすぐに人が減り始めることはないだろう。

だが、これからのまちの盛衰は二つの要素からなる。ひとつは現在そこに住んでいる人

が住み続けてくれることで、もうひとつは新たに住む人が出てくるということである。住み続けている人だけではどんどん人は減るし、現在、そこに住んでいてもその地に愛着のない人であれば、より利便性の高い場所に移動する可能性は否めない。また、新たに住む人は今後、今以上に利便性を考えて選ぶようになると考えると、現時点で選ばれていない場所はより選ばれにくくなると考えられる。

特にこれからは日本の地価は大きく下落すると考えられている。二〇一五年のシンガポール国立大学不動産研究センター・清水千弘教授（現日本大学）の研究では東京都ですら、住宅価格は二〇四〇年に二〇一〇年に比べて四割強になると推計されている。といってもゼロになることがないと仮定すると、これまで賃料、住宅価格の安さで人を惹きつけていた場所はそのメリットが薄まり、無くなってくる。どこもかしこも安いのだとしたら、その中で一番利便性が高い、お得な場所が選ばれるようになってくるはずだ。

†駅1キロ圏の商業施設が生き残りを左右する？

そうした状況下で生き残るまちを考えた時に面白いデータがある。国土交通省は二〇一五年に「鉄道沿線まちづくりガイドライン」を策定、鉄道沿線を軸に都市機能が集積するという構造を活かし、沿線の市町村で分担・連携して沿線の価値を維持するまちづくりの

図3-11　駅5km圏の大規模商業施設立地状況の比較

（1）東武伊勢崎線

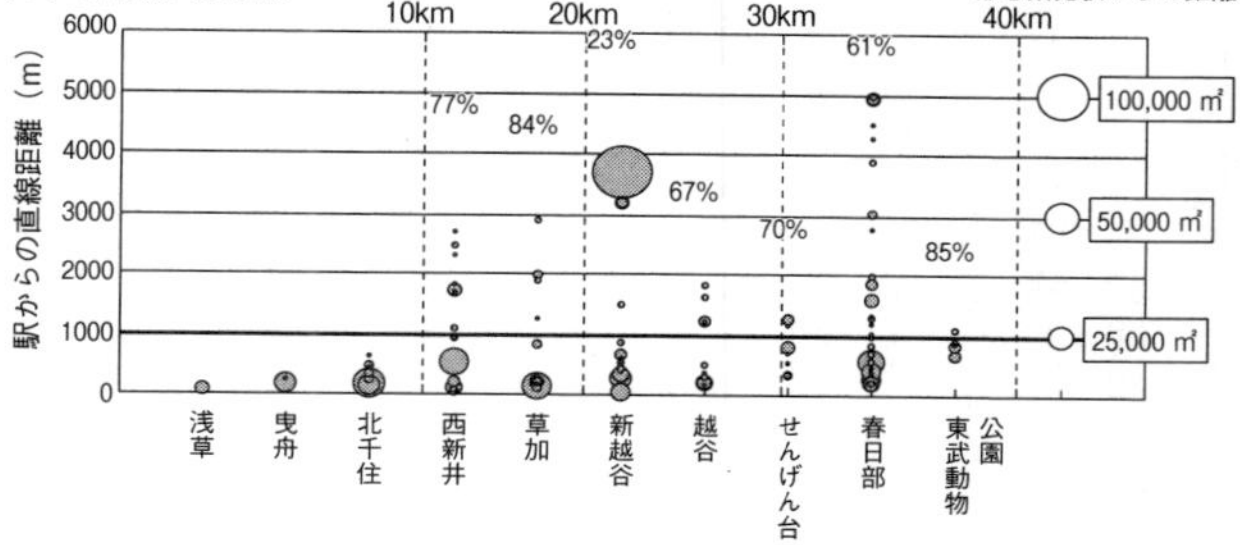

（2）東急田園都市線

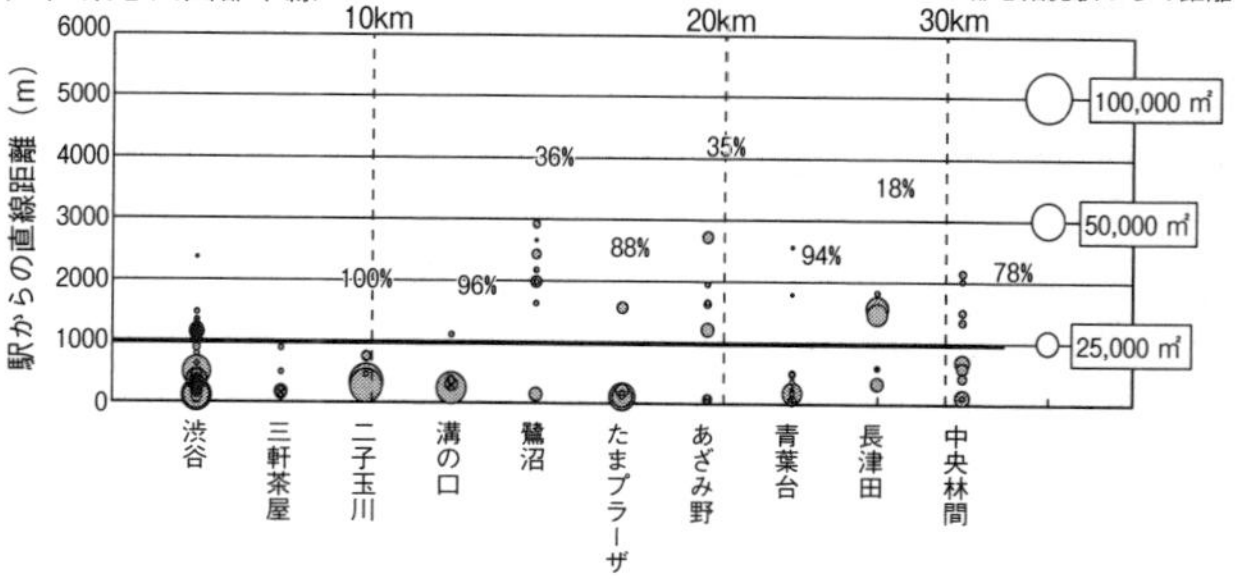

【路線別距離圏域別の大規模小売店舗面積】

路線	圏域	店舗面積（㎡）
東武伊勢崎線	1km 圏内　（A）	468,732
	1－5km 圏内（B）	860,012
	小　計	1,328,744
	1km 圏の割合（%）	35
東急田園都市線	1km 圏内　（A）	570,968
	1－5km 圏内（B）	156,177
	小　計	727,145
	1km 圏の割合（%）	79

出典：「東京都市圏における鉄道沿線の動向と東武伊勢崎線沿線地域の予測と分析」（2012年国土交通省第一回東武伊勢崎線沿線まちづくり勉強会資料）
※大規模小売店舗立地法による大型小売店（店舗面積1,000m²超）をプロット
注：グラフ中の数字は駅周辺大規模店舗面積に占める1km 圏域内が占める比率。ただし都心に近い駅は駅勢圏がおおよそ1km 以内のため数値は未記入

重要性を訴えている。その準備段階として二〇一二年度、二〇一三年度に複数回の勉強会を行っており、そのひとつに東武伊勢崎線沿線まちづくり勉強会がある。その資料の中に二〇〇五年と二〇三五年で利用者の減少が一番大きいと見られる東武伊勢崎線と減少が少ないとされる東急田園都市線を比較した資料がある（図3-11）。そこで目を惹くのは大型商業施設の立地である。

資料によると、東武伊勢崎線では駅一キロ圏外で大規模店が散見されるとしており、逆に草加〜春日部、羽生〜太田の区間では駅一キロ圏内での撤退店舗が顕著であるとも。つまり、駅周辺の商業施設の集積が郊外大型店に取って替わられたという地域なのである。そのため、駅一キロ圏内の大規模小売店舗面積は駅五キロ圏内の店舗面積の約三五％。七割は郊外にあるのだ。

ところが、東急田園都市線では逆転している。七九％、八割近くが駅一キロ圏に集積しており、郊外大型店もあるが、面積比にするとそれほどの比率になっていないのである。現状では郊外大型店は全国的にまだ増加しているが、鉄道中心の首都圏で考えた場合、今後、大幅な人口減少に見舞われなくて済むのはロードサイドの大型商業施設しかないまちではなく、鉄道駅周辺に商業施設を中心にした都市機能が集積しているまちではないかという推定が成り立つわけである。近年の高齢者による交通事故、交通手段がないことによる買い物弱者、買い物難民問題を考えると、理想は車でしか行けない商業施設だけしかないまちではないことは明らか。商業施設がコンパクトに集積し、自分の足で買い回りできる、ウォーカブルなまちのほうが住みやすく、かつまちとしての命脈も保ちやすいのである。また、大型商業施設と自然発生的に生まれた部分もある駅周辺の商業集積でいえば、内容的にも駅周辺のほうが歴史と多様性に富む。その点もまちを豊かにする要因だろう。

そうした観点からすると鉄道会社、地元自治体の考え方もまちの盛衰を左右すると考えられる。これから郊外に大型店の誘致を進めるような沿線、自治体があるとは思えないが、それではまちの賑わいは消える。利便性優先で考えるのであれば、現状はもちろん、将来を左右するまちの方向性についてもチェックしておきたいところだ。

†働き方の多様化が住まい、まちを変える

この章の冒頭で働き方と住まいの関係で、大きく二つの方向があると書いた。ひとつがここまで書いて来た通り、従来通りの企業に雇用される働き方を選択、それに合わせて住まいを選ぶというやり方である。会社ありきと言っても良い。通勤から逆算してまちを選び、生活の利便性から住む場所を選ぶというものだ。

そして、もうひとつはその逆である。まず自分ありきと言っても良い。暮らし方、生活

図3-12　アールリエット高円寺
店舗やアトリエが混在、住んでいる場所で働くこともできる

から住む場を選ぶ、働き方を選ぶ、自分のやりたいことから働き方、暮らし方、住む場を考えるなど、やり方は人それぞれだが、自分からスタートする考え方は共通である。

具体的には通勤には不便だが、大好きな海辺に住む人がいたり、そもそも雑踏の中で暮らすのが嫌だから東京を離れたり、自分が生活できるだけ稼げれば良いからと小商い、副業を始めたり、地元で起業したりなどなど。働き方の多様化とともに、住み方も多様化しているのである。以下ではこの場合に選ばれるまちを考えていきたい。

さて、これまでと違う働き方と住まいの関係を選ぶ人が増えた背景には三つの要因がある。ひとつは東日本大震災を経て社会や経済、家族のあり方などを再考する人が増えてきたというものだ。都会の暮らしには自分でコントロールできることは少ない。また、これまでのように働く場と暮らす場がぱっきりと切り分けられている状況下での災害は家族を不安に陥れもする。震災後、そこに不安を覚え、身の丈にあった、自分の手でコントロールできる暮らし、働き方を模索する動きが生まれた。経済成長を疑う声も出始めた。それがよく分かるのは二〇一二年以降に「小商い」に類したキーワードを掲げた書籍が続けて出版されていることからである。

最初に出たのはそのものずばり「小商いのすすめ：『経済成長』から『縮小均衡』の時代へ」（平川克美著　ミシマ社）。続いて「ナリワイをつくる：人生を盗まれない働き方」（伊藤洋志著　東京書籍）、「小商いのはじめかた：身の丈にあった小さな商いを自分ではじめるための本」（伊藤洋志著 風来堂）などなど。長時間労働その他、従来の働き方に疑念を持つ人が増える中、この流れは今後も続くだろう。

実際、そうした暮らしを想定した物件が少しずつ登場し始めている。そのうちのひとつ、杉並区高円寺にある物件をご紹介しよう。かつてJRの社宅だった建物を丸ごとリノベーションした賃貸マンション「アールリエット高円寺」である。

二棟からなる物件のうち、通りに面した棟の一階には二つの店舗専用区画と四戸の店舗兼用住宅が作られており、三階にはアトリエのある住戸もある。元々が社宅だったことを考えると用途は大きく広がっている。高円寺は元々個人で商売をしている人が多いまちでもあり、店と住居を別で借りるより一緒にしたものを考える人がいても不思議はない。

†仕事、暮らしを分けないという選択

二〇一七年六月には一階に店舗、二階以上に住宅という店舗付き住宅を専門に扱う「商い暮らし」というサイトも登場した。サイトを運営する、建築士でもある小薬順法氏は人生をオンとオフに分けて考えることに疑問を呈する。

「五年前に独立した時、子どもの通学路の途中にある空き店舗を見かけ、ここに住んで一階を仕事場にし、二階に住んだら、子どもの姿を日々見守れていいなと思ったのがきっかけでした。働く、暮らすは両方合わせて自分の人生。だとしたら『商い』と『暮らす』を一緒にしたら自分らしい生活ができるのではないかと『商い暮らし』を始めました。見回すと街中には店舗付き住宅という働く場のついた住宅が空き家になり、シャッター商店街になっている。それを開けて住む人が出てくればまちも面白くなる。もちろん、店を始めるだけではなく、趣味のアトリエにしたり、週末だけ教室を開いてみたり、ギャラリーにしたり、パーティーをしたりと使い方はいろいろあります」。

「商い暮らし」のオフィス自体も大田区東雪谷、東急池上線石川台駅近くの元たばこ店を

改装したもので、一階はキッチンを備えたレンタルスペースになっており、二階がオフィス。六月のオープン以来近所に住む人達がパーティーをしたり、いずれ店を開きたい人がカフェを開いたりと月の半分から三分の二くらいは利用されている。場さえあれば、何か、やりたい人は予想以上に多いのだ。

「これまでは家賃や住宅価格が高く、場に抑え込まれていた。好きなことはできないのが当たり前と諦めていた人が大半だった。でも、店舗付き住宅には住宅プラス余分な空間であることが分かると、一気に思考が変わる人が多い。それなら、あれがやってみたい、これをしたかったと。これからは空き家が増えるはずですから、自由に使えるスペースも生まれる。相場が下がれば二軒借りることもでき、趣味に使ったり、商売をしたりも可能。別荘がまた人気になっているのもそうした流れでしょう」。

働き方を再考し、自分にできる範囲でできることをと思う人が増えたタイミングと空き家増が重なったわけで、そう考えると空き家も悪くはない。こうした人たちにとってはシャッター商店街や空き家の多いまちのほうがチャンス。利便性を重視して考える人達とは異なる観点でのまち選びが行われるようになってくるはずだ。

実際、店舗では利便性以外で立地を選ぶ例が増えている。隠れ家的なカフェやレストラン、雑貨店が東京に限らず、日本のあちこちで生まれているし、それらが安定的な人気を得ていることもしばしば報道されている。

ここに二つ目の要因がある。インターネット、SNSの普及だ。新しいツールを利用することで、個人でも情報発信が行えるようになり、立地の不利を乗り越える可能性が生まれたのである。遠隔で、あるいは毎日出社しなくても仕事ができるようになってきたのもこの流れだ。

となると面白いことが起きる。この項の冒頭で会社に雇用される人たちが選ぶ利便性の高いまちは都心からの距離という制約の中にあることを書いた。だが、雇用という形態を選ばないとすると立地の制約から自由になれる可能性が生まれてくるのだ。今、不便と思われ、人口減少が進んでいる場所でも何かのきっかけがあれば化けるかもしれない。その意味ではまだまだ、どのまちにもやりようはあるともいえる。

脱線した。隠れ家的な店舗があちこちで生まれているという話である。と書くと店舗は住宅街の問題とは違うと思う人もいるかもしれないが、世田谷区三宿や江東区清澄白河などが話題になったきっかけは今までにない一軒の店舗からだった。マスコミで取り上げられるような店ができ、集積することで地名が知られ、それが住みたいまちに繋がっていると考えれば、個性的な店ができることはまちの再発見、再生への第一歩である。特に個性を発揮しやすい個人が店を出せるような賃料の、個人に不動産を貸しても良いと考える寛容なまちであることが利便性では勝てないまちの生き残りとも言えるわけである。

ただし、これがどこであるかは一言では言いにくい。個人的にはまちを歩いてみて、小さな個性的な店ができているまちを見かけたら、しばらく時間をおいて再訪、まちの変化をチェックするのがこれから来るまちを見る私なりのやり方である。

そんな面倒くさいことはできないという人には定期的に女性週刊誌を見ることをお勧めする。女性誌はまだ誰も発見していない、新しい名所を発見するのが得意で、今では一大観光地になった谷根千も、前述の三宿や清澄白河も女性誌が見いだした。次に来るまちも最初に取り上げるのはおそらく女性誌だ。

†創業支援は地域活性化

働き方、住み方の多様化の要因のうちのもうひとつは二〇一四年一月二〇日に施行された「産業競争力強化法」である。この法律では地域の創業を促進させることが謳われている。ご存じのように日本国内の企業数全体の九九・七%、製造業では約半分が中小企業で占められており、全従業員のうちのおよそ三人に二人は中小企業で働いている。現在、世界的な大企業となっている会社も町工場からスタートしており、イノベーションは中小企業から生まれていると言える。であれば、創業を支援することは雇用の機会を創出、地域の経済を活性化することになるというのが同法の考え方だ。そのため、全国の自治体では競って創業支援事業を行っているのである。

これらの要因を考えると、創業、起業、小商いなどで住む場所で働くというやり方には二つの観点からまちを変える可能性がある。ひとつは法が言うところの雇用の創出、経済の活性化という実用面である。地域での小商いはその土地で仕事を生むし、そこで使われたお金は地元の他の店で使われる。つまり、地域内に小さい経済の循環が生まれるのだ。

そして、もうひとつ大事なのは地域で働くには地域との繋がりや人間関係が大事だという点である。企業で雇用され、利便性を求めて住む場合にはより利便性の高い場所があればいま住替えることも多々ある。地域に繋がりを求める必要はなく、実際に誰とも話をしないまま転居する人すらいる。だが、地域でビジネスをしようと思ったら、地域と無縁ではいられない。どんな形にせよ、地域と繋がる必要があり、それが愛着を生む。気持ち面の変化である。地域で働くことは経済と繋がりという、二重の意味で地域にプラスに働くのだ。

事例① 女性限定で創業支援（千葉県流山市）

とすると、創業支援が成功しているまちに可能性があるということになる。つい四年前にスタートした政策の成否を語るのは難しいものがあるが、ひとつ、他と異なるアプローチで成果を上げている例をご紹介しよう。千葉県流山市である。

首都圏に住んでいる人ならご存じだろうが、流山市は二〇〇五年のつくばエクスプレス開業以来、同沿線の中でも人口増加が目立つまちのひとつ。二〇一〇年秋以降、都内鉄道等の各駅に「母になるなら、流山市。」「父になるなら、流山市。」と目立つ子育て世代誘致の広告を展開、その成果で子育て世代を多く集めたことでも知られている。

その流山市が力を入れているのはママの就業、特に創業支援を応援する施策である。他自治体と大きく違うのはママがメインターゲットとなっているという点。背景には子育て支援策を打ち出して子育て世帯を集めたものの、都心からの距離が障壁となり、仕事を続けられないケースが少なくないという現実がある。流山おおたかの森駅から秋葉原までは三〇分弱だが、自宅から駅、駅から会社、乗換などを考えると一時間以上はかかる。創業した女性に聞くと二時間以上かけていた例などもある。これではとても働き続けられない。

しかも、子育て世代を多く呼び込んだのは良いものの、急増する共働き世帯の転入に保育園の整備が追いついていない。千葉県が公開している二〇一七年度四月時点の保育園待機児童数は、千葉県内でワースト五の九二人。二〇一八年には二九人と大幅に改善されたものの世帯の所得によっては他自治体よりも保育料が高い、認定こども園がない、発達障害のフォロー体制が不足など、様々な不満の声も聞く。現在は保育園年代の問題だが、今

図3-13　郊外に住む高学歴女性は働いていない

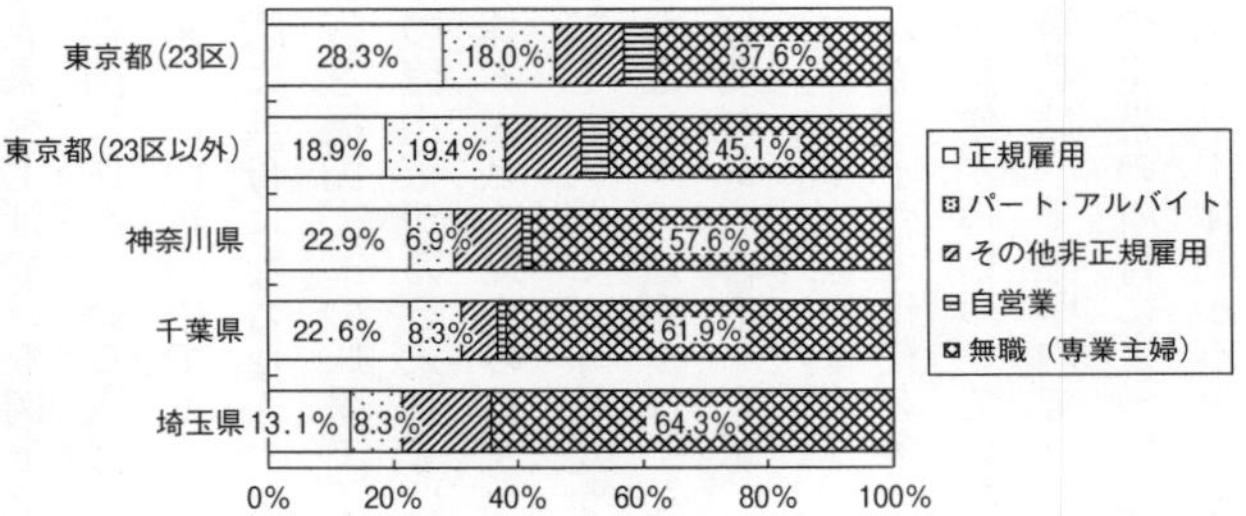

出典：「東京で暮らす高学歴女性の働き方等に関するアンケート調査結果（報告）」(2015年・日本総合研究所)

（注１）サンプル数は、アンケート回答時点で配偶者がいると回答した984人である。居住エリア別の内訳は、東京都（23区）＝466人、東京都（23区以外）＝206人、神奈川県＝144人、千葉県＝84人、埼玉県＝84人である。

（注２）「その他非正規雇用」には、派遣社員、契約社員、嘱託等が含まれる。

後は小学校や学童保育の定数や質などの問題も想定され、問題の種は尽きない。

共働きを続けながら子育てをするつもりで転入してきた人たちが仕事を辞めざるを得ないとなると、流山市を選んだ意味がない。自治体としては転入してきた人たちの満足度を高め、転出しないようにしたい。だが、立地は変えようはなく、子育て支援も急増する人口に追いつくようにするだけで予算が尽きる。

そこで流山市は発想を転換、都心に通勤する以外の就業や職住近接の仕組みを考えることにしたというわけである。具体的にはママを対象とした創業支援スクールを二〇一五年から毎年開くと同時に、駅近くの空き家を利用、子育て女性向けのシェアオフィス「Trist」オープンを支援した。

これはかつてエステサロンとして利用されていた空き店舗を女性たちが自らの手でDIYしたもので、一般的なシェアオフィスとしての利用以外に、企業のサテライトオフィスとしての利用、子育てで一度企業を辞めた女性がリモートワーカーとして再度雇用されるための教育の実施などが行われている。特に注目すべきは企業のサテライトオフィスとしての利用。都内まで時間をかけて通勤をしなくても、会社が働いている人の近くまで来てくれるわけである。

つくばエクスプレス沿線や海浜幕張、新浦安のように新規に開発された住宅街は住宅価格が高いということもあり、所得、学歴の高い居住層が集まる傾向がある。これを裏付けるのが、日本総合研究所が二〇一五年に行った東京圏で暮らす二五〜四四歳の、東京圏にある四年生大学または大学院を卒業した女性（高学歴女性）へのアンケート調査である（図3－13）。

それによると高学歴女性のうちで専業主婦率が高いのは神奈川県、千葉県、埼玉県で六〇％前後。特に千葉県、埼玉県では六割を超す高率となっている。比べて東京二三区は約四割。明らかに千葉県、埼玉県では高学歴で、仕事をしていない女性が多くいるわけである。もちろん、高学歴がイコール有能な人材とは限らない。だが、割合としては高いことが想定され、質の高い、優秀な人材が集まっていると考えられる。

だが、残念ながら、地元にはそうした人材を必要とする企業は少ない。マニュアル通りに動いてくれさえすれば良い人材を求めている業種では高学歴の女性は使いにくい、邪魔とすら思われているとも聞いた。

だが、労働人口が減る日本で、能力があって働きたい人材を埋もれさせておくのはもったいない。地域に働く場を作れば地域の経済に寄与してくれる上、働く人のそのまちに住む満足度を上げることにも繋がる。生活と仕事が同じ場にあるとしたら、誰がヨソのまちに引っ越すだろうか。住む人の満足度を上げるという意味での創業支援という発想は注目に値するはずだ。

また、今後は子育てだけでなく、介護で短時間、近隣でしか働けないと言う人も出てくるはず。住んで働ける場所へのニーズが高まるわけで、となると選択肢は仕事場のある都心近くか、仕事のある住宅街か。いずれの場合を考えても職住を時間、距離ともに遠くに切り離すというやり方はもう時代遅れである。どうやって、職住を近接、隣接させていくか。都心は現状のままでも選択されるだろうが、それ以外の住宅中心のまちにおいてはどうやって仕事を作り出していくか、仕事の場を作るかが生き残りのポイントになるだろう。

事例② 住宅街の入り口にコワーキング（埼玉県朝霞市　コトノハコ）

二〇一五年三月に公表された国土交通省都市局都市政策課都市環境政策室による二〇一四テレワーク人口実態調査によると、二〇一四年の時点ですでに約五五〇万人のテレワーカーがいる。この数には雇用されていながら在宅で仕事をする人、自営で在宅で働く人の両方が含まれており、二〇一二年の九三〇万人からすると減ってはいるが、それでも兵庫県の人口と同じ数の人が在宅で働いていることになる。東京都でいえば人口の四割。就業人口全体の中で見ても八％強。家の中での作業は外には見えない。だから、誰もさほど感じてはいないだろうが、実は身の回りで在宅ワーカーはじわじわ増えているのである。

図3-14　コトノハコ
住宅街の入口に立地し、主婦を中心に多くの人が集まる

加えて、良いこととは思えないが、働き方改革で残業を禁じられた人達が自宅近くのカフェその他で作業する姿が増えている。経団連や厚生労働省の就業規則見直しなど、副業容認の動きもある。となると、住んでいる場所の近くで仕事ができる場は確実に求められている。実際、いくつか、そうした受け

皿を地元に作り、それによって地域を活性化させていこうという動きがある。

たとえば、埼玉県朝霞市の、東武東上線朝霞台駅から歩いて七分。商業施設などが並ぶ一画を過ぎた住宅街の入り口ともいえる場所にオープンしたコトノハコは二階建てアパートの一階を利用した、レンタルボックスを中心とするレンタルスペースとその奥にあるコワーキングスペースからなる複合施設だ。

この施設の説明をする前にコワーキングスペースについて解説しておこう。一般のオフィスは執務スペースに加え、会議室やOA機器、給湯室その他の空間、機能がセットになっており、それを一社で利用する。シェアオフィスはそれらの機能のうち、執務スペースだけを個別のブースとし、それ以外を共有して使う形が多い。中には執務スペースも大きな机を共有することもあるが、基本的には執務スペース以外を共有すると思えば良い。

これに対してコワーキングスペースは何もかもを共有する形となる。言ってみればひとつのオフィスの中に個人が何人もいて働いているようなものだ。空間、機能のすべてを共有しているわけで、それによって利用者同士の積極的な交流、協働などのコミュニティ形成を促す傾向が強いのである。

現状では都心を中心に増えているシェアオフィスよりも認知度は低いため、コトノハコでは主婦にも受けいれてもらいやすいレンタルボックスをとりあえず前面に押し出し、奥のスペースについてはシェアオフィスという言い方をしている。

この施設を立ち上げた滝澤いと氏は長らくメーカーのデザイン部門に勤務、その後に9年ほどフリーランスでデザインの仕事をしてきた。一人黙々と作業する毎日に孤独を感じていたある日、近隣のさいたま市が開いた在宅で仕事をしている人のためのセミナーに参加、数十人という参加者数に驚いたという。二〇一四年のことである。

「さいたま市では在宅ワーカーのための有料、無料様々なセミナー、交流会があるようでしたが、朝霞市には当時、そうした場がなかった。そこで地元にも集い、学び、起業の支援ができるような場が欲しいと思ったのがコトノハコを作るに至ったきっかけです」。

具体化に繋がったきっかけのひとつは二〇一六年秋に開かれた朝霞市のアートマルシェ。東京近郊にあたる朝霞市、和光市、志木市、新座市は三〇~四〇代の子育て世代が多く、街中では多数の小さなイベントが行われている。マルシェなどに参加するのも、見るのも好きな、モノ作りをしている人も多い。

単発で開かれるイベントでも多くの人が集まるなら、固定的に利用できる場所を作れば様々な人に利用してもらえるのではないか？　そう思った滝澤氏は周囲の人たちにそうした場を作りたいと言って回ることに。そこで紹介されたのが地元朝霞市在住の木本孝広氏である。木本氏は兵庫県宝塚市出身の二代目大家さんで、全戸空室になった一棟をリノベーションで満室にし、地域の雰囲気を変えたことで知られる、実力のある経営者だ。

しかも、ちょうど木本氏も住宅街の中のコワーキングスペースに関心を持っていたという。

「総合職で働く女性が増え、晩婚化していることもあって、子育て中の主婦の中には一〇年以上のキャリアがあり、スキルの高い人が多くいます。ただ、子どもが小さいうちは電車に乗って都心に働きに行くのは時間や保育園の問題などもあって難しい。だとしたら徒歩圏、自転車圏くらいに働く場があったらその力を生かせるのではないか、ニーズがあるのではと考えていました。実際、在宅ワーカーは増えており、我が家でも妻は週に2日、アルバイトと一緒にリビングで作業するという働き方をしています」。

そこで、木本氏のアドバイスを受け、企画書を作り、日本政策金融公庫から融資を受けてスタートしたのは二〇一七年八月のことだ。借りた場所はオフィスとして長年使われて来ており、最後に入っていたのは人材派遣会社だ。だが、そこが撤退して以来一年半ほど空室が続いていた。駅前の賑わいから道路を一本挟んだくらいの立地であり、郊外のまちの多くではそうした場所を選ぶオフィスは減っている。かといってオフィス仕様の不動産はキッチンが小さく、ニーズがあるであろうカフェなどには向かない。そうした不動産的なニーズもあるが、住宅街には人材が眠っている。すでにレンタルボックスはオープンか

図3-15　溝口のシェアオフィス
空き家となっていた地域のランドマーク的建物を利用、シェアオフィスとして再生されたnokutica

ら二カ月で三二区画のうちの四分の三が埋まった。ワークショップを開く人なども増えており、コンスタントに利用者数は伸びている。あとはオフィスとして利用する人がどの程度出てくるか。期待したいところだ。

事例③　住宅街のシェアオフィスは開業時満室（川崎市高津区溝口　nokutica）

ＪＲ南武線、東急田園都市線が交差する川崎市高津区溝口でも築九〇年以上という元診療所プラス住宅がシェアオフィスなどに再生された。この建物は延べ床面積が三〇〇㎡を越える堂々としたもので、長い間空き家となっており、地元の人たちが気にしていたというランドマーク的なもの。その建物が二年ほどの検討期間を経て一階に三〇畳以上の広さを持ち、イベントなどに利用できる共有部、カフェ、二つのレンタルスペースと、二階に五室のシェアオフィスを持つ複合施設として生まれ変わった。

注目したいのは二〇一七年一一月のオープン時点ですでにシェアオフィス五室が満室だったという点。溝口エリアは長らく住宅地として開発されてきており、このまちには仕事をする、起業などを想定した施設はほとんどなかった。だが、この施設に携わった地元の不動産会社エヌアセットの松田志暢氏が計画中に地域にある勉学などのために使われている施設を調べてみたところ、約三〇〇人もの登録があったという。住宅街の中には仕事ができる場へのニーズが確実にあったのである。

入居したのはインテリアデザイン事務所、映像その他を手掛ける集団、建築設計事務所やオーダーメイドの紳士服店などで、いずれもモノ作りに関わる業種だ。これは当初からこの地をこれまでなかったクリエイティビティの中心地にしていきたいという思いから。住宅オンリーのまちを変えていきたいという願いである。

一階の広い共有部はそのための場である。本当ならここも貸してしまえば収益性は高くなる。だが、それを敢えて共用空間としたことに、この施設を地域の賑わい、発展のための足掛かりとしたいという強い意志がうかがえる。

横に細長い川崎市は大きく南部、北部に別れており、溝口のある高津区はちょうど真ん中あたりに立地する。子育て世帯を中心に人口が増加している地域だが、増加しているためか、行政によるまちづくり、ブランディングなどの動きは少ないという。だが、今は良いかもしれないが長い目で見たら必要であろう。

最近では職と住を切り離すために作られた団地に創業支援施設を作るなど、職と住は距離、時間ともに近づきつつある。もちろん、必ず現場にいなければいけない職種、業種もあり、すべての人が職住近接、隣接を実現できるわけではないが、それが可能な人たちにとっては近接、隣接がいずれは普通の働き方になるはず。そうすればまちの在り方、魅力的なまちの条件も変わってくるはずである。もちろん、住宅の在り方も同様である。

事例④ 地域を変えるのも企業の社会貢献（神奈川県鎌倉市 面白法人カヤック）

働き方の変化からこれからのまちを考えてきたが、もうひとつ、違う視点がある。企業が変わることで働き方が変わり、地域も変わるというものである。ここ三〇年ほどで見ると、企業の本社は以前より分散する傾向にある。大手町や日本橋などの都心部に集中していた企業が時代を追って新宿や六本木、品川、みなとみらいなどと分散しているのである。

さらにあえて郊外を選択している企業も出てきている。多くの企業が集まっているという例としては神奈川県鎌倉市がある。しかも、単に集まっているのではなく、それらの企業が連携、地元を愛する人を応援するような活動を行ってもいる。

それがカマコンと呼ばれる団体である。当初はIT企業を中心に、現在ではそれ以外の業種も集まり、二〇数社に多数の個人が集まり、まちを盛り上げる様々な活動を行っているのだ。主な活動としては地域限定の、まちづくりのためのクラウドファンディング「iikuni」や津波に対する問題意識を高めるためのイベント「津波が来たら高いところへ逃げるプロジェクト」、鎌倉の会社説明会などなど。自分で起業する実行力のある人たちが集まって何かをやるのである、インパクトのあるイベントになるのは言うまでもなかろう。

それらの会社のうちでも企業の在り方に変革を感じるのが面白法人カヤックの社長柳澤大輔氏が面白法人カヤック社長日記 No・二一七で書いている「鎌倉資本主義」なる言葉とその説明である。

柳沢氏は地域という文脈で考えると、同社の社名である「面白さ」は多様性であるとする。人も企業も地域もそれぞれに特徴がある社会が面白く、それが人の進化の方向でもあるという。本社を鎌倉に置くことで同社は多様性を発信しているのだという。また、地域の多様性を考えると、地域を盛り上げるのはミニ東京を作ることではなく、地域ごとの特徴を生かす必要があり、それを行政、市民団体と一緒に活性化していく必要があるとも。

では、具体的に企業が会社という立場で何をすべきか。柳澤氏は「自社の社員の職住接近を推奨し（その地域の住宅手当を出したり、保育施設を用意したり）、その上で地域活動に参加したくなるよう後押しする。そのようにして地域と社員の接点を会社がサポートするということは、社員のソーシャルキャピタル（社会関係資本）を増やすサポートであり、それは結果として社員の健康、幸せをサポートしていることでもあると言える。ちなみに、そんな地域活動のフレームワークの一つが、『カマコン』」とする。

さらに社員、企業のソーシャルキャピタルを増やす経営が結果としてサスティナブルな経営に繋がり、資本や資源配分その他、従来の資本主義を再定義することになるのでは、とも。行政、市民団体などとの協働は企業活動とはリズムが異なり、経済効率優先で考えると不利な点も多いが、地域と繋がることにはそれを超える価値、豊かさの発見があるとしているのである。

「企業の社会的責任を語るとき、どうしてもグローバルな課題、たとえば地球環境などの大きな世界に行きがちだが、身近な地域を変えることも大事な一歩ではないのか」。

その場として鎌倉には先端性、多様性、知名度という特徴があり、そこから地域資本主義のひとつとして「鎌倉資本主義」を模索して発信すれば世界の進化に貢献できるのではないかというのである。

社会貢献、地域貢献という形で活動をする企業は他にも多いが、資本主義そのものの見直しも含めて地域に関わるという姿勢、足元を変えようという考えは新鮮である。地域の担い手としては住民、行政などがよく挙げられるが、地域に根を下ろした企業もある意味、住民である。その企業の考え方によって地域が変わることもありうるわけである。実際、地元への貢献を謳い、活動している会社も増えつつある。地元に頑張る企業があることは経済面だけではなく、まちの将来のためにも役立つことというわけだ。

3 「住みやすいまち」という勘違い

†「おんぶに抱っこ」は続かない

都市に住んでいると、自宅内を除くすべての場所は誰かの手によって維持管理されている。また、自分から申請するなどの手間があるものもあるものの、自治体は様々なサービス（この言葉にも誤解を招く部分があるが、他に替わる言葉がないので以降使い続けることとする）を提供しており、近年、それがまちを選ぶ際の基準のひとつになっているように見受けられる。不動産情報誌にはそのまちに住んだら、どういう費目でいくらもらえるかを細かく調べた情報が掲載されていたりもするくらいだ。

住民側からすると、どうせ住むなら「得できるまちを」「ヨソよりもたくさんお金あるいはサービスが提供されるまちを」と考え、それを「住みやすいまち」として選ぶようになっているわけだ。保育園のように入れるか、入れないかで働き続けられるかどうかが決まるようなケースもあり、それが一概に悪いと決めつけるつもりはない。だが、現在はそれで成り立っていたとしても、今後もそれが続くとは思えない。

二〇一四年五月に総務省自治財政局財務調査課がまとめた「公共施設等の総合的かつ計画的な管理による老朽化対策の推進」によると、二〇一四年度末見込で地方財政は約二〇〇兆円もの巨額な借入金残高を抱えている。その上、年々扶助費（子育て支援、障害者支援、生活保護などに関する支出）は増加傾向にあり、加えて今後は一九七〇年代以降に増加した公共施設の更新による負担が確実にのしかかってくる。同資料では調査した一一一団体の一年あたりの更新費用は、全ての施設を更新するとした場合、今後四〇年間で約二・六倍になると試算している。年間三三三五億円が年間八四九五億円になるのだ。

同時に人口減少や偏在、利用需要の変化なども起こってくるはずだから、全ての施設が更新されることは無かろう。また、こうした状況の中、地方公務員の数はピーク時の一九九四年の三二八万人から二〇一二年の二七七万人まで、人数にして五一万人、割合にして一六％減っている。施設が無くなるだけではなく、人員も減っているのだ。

となると、様々な面でこれまでのようになんでもかんでも自治体におんぶに抱っことという状況は続かない。今後はかつてあったサービスが無くなることも多々出てくるだろう。それにそもそも、国・地方自治体などの官だけで、複雑化・多様化する社会・地域の問題・ニーズに対処しきれないという問題もある。

†阪神・淡路大震災が関係を変えた

官サイドは早々にそれに気づき、手を打ち続けてきている。一九八〇代の行革論議以降の市場原理を導入して行財政運営の効率化を図ろうとする考え方は、そのための処方箋のひとつである。小さな政府、民営化などという言葉から分かるように、行政の仕組みの一部を民に渡すことで危機を乗り切ろうというのである。

だが、公共的な役割のうちには経済論理だけでは回せないものもある。市場での自由な競争は生活を便利に、豊かにしてはきたものの、一方で非正規雇用を増やし、実質賃金を低減させ、貧富の差を拡大するなどの問題を生み続けてきた。これに対し、イギリスで大きな政府と小さな政府でもない第三の道という考え方が提示されたのを皮切りに、公と民の間の、新しい関係が模索されてきた。

日本の場合、それを加速させたのは一九九五年に起きた阪神・淡路大震災だ。ご存じのように阪神・淡路大震災では多数のボランティアが活躍した。発災から一カ月間でボランティアとして活動した人は六二万人。一日当たりにすれば平均二万人という。一九九五年がボランティア元年と呼ばれているのも分かるというものである。

そして、その活動ぶりが市民の力を広く認識させることになった。混乱の中で多くの人はいざという時に行政にできることは限られており、おかみに全てやってもらおうと思うことには無理があることを悟ったはずだ。発災直後は行政も被害状況はほとんど把握できていなかったし、震災当日、神戸市の各区役所に出勤できた職員は3分の1ほどだったという。それを補ったのは市民である。

しかも、避難所では自治組織が生まれ、自律的な運営が行われた。ボランティアの人達も含めた責任ある行動は行政の不備を補って余りあるものであり、参加した人たちはもちろん、報道などでそれを見ていた人たちにも自分たちが社会に対してできることがあることを自覚する契機になった。これまでの行政におんぶに抱っこから、自分たちが行政に関わり、パートナーとして協働する。それが可能であることに気づいたのではないかと思う。その自覚が結実したのが一九九八年に制定された「特定非営利活動促進法」(NPO法)である。八〇年代から市民活動関係者が営々と続けてきた活動が底流にあってのものではあるが、震災は大きなきっかけとなったのである。

さらにこうした流れを受けて小渕内閣は二〇〇〇年の「二一世紀日本の構想懇談会」の報告書のサブタイトルに「自立と協治で築く新世紀」を掲げ、公共性の見直しが変革の核心であるとしている。一部を引用しよう。

変革の核心は、①国民が国家と関わる方法とシステムを変えること、②社会における個と公の関係を再定義し、再構築することにある。そのためには、これまで十分ではなかった「自立」と「寛容」の精神を育てる必要がある。

以降も「統治からガバナンス（協治）へ」「個の確立と新しい公の創出」「非営利民間セクターを立ちあげる」などといった見出しが並べられており、これまでの公共の在り方をすべて否定するものではないとしながらも、新しい公共が目指されている。

この新しい公共という概念は二〇〇〇年の地方分権一括法以降の地方自治においても大事なポイントになっている。国と違い、地方自治体の仕事は生活に密着したサービスを提供している。多様化し、拡大する上に細分化するニーズに的確に応えていくためには、かつて政府がやってきたように単純な民営化、民間委託では済まない。地元のニーズを細やかに吸い上げ、満たしていくためにはＮＰＯその他の団体、企業などと補完し合い、協働し、連携することが欠かせないのである。

その後、民主党政権下では第九三代内閣総理大臣鳩山由紀夫が二〇〇九年の所信表明演説で「新しい公共」に言及、さらに二〇一〇年には「新しい公共円卓会議」が「新しい公共宣言」を発している。政権交代後の安倍内閣下でも「共助社会の実現」と名称は変わったものの、「地方共助社会づくり懇談会」が二〇一五年以降開かれている。阪神・淡路大震災から数年間の急速な変化からするとペースは落ち、緩やかにはなっているものの、住民と行政の協働は必要なものと解されていると言ってもよい。

†資産価値競争では大半が負け組になる

ここまでを簡単にまとめると、財政状況が悪くなる中、これまでのように税金をじゃぶじゃぶ使ったサービスは期待できなくなっていくはずで、行政におんぶに抱っこのままでは自分たちが望むサービスは行われなくなる可能性があるということである。「もらえる＝住みやすい」は成り立たなくなる。官も、地域で活動する人達も協働が必要と考えているというわけだ。

加えてひとつ、問いたい。おんぶに抱っこは楽しいかということである。誰かからモノやお金を与えられるだけで、自分で行き先を決めることなく、トイレに行きたい時に行けることもなく、ただ運ばれている状況は幸せですか？と言っても良い。かつてのようにモノが少なく、足りていない時代であればモノが与えられただけでも満足できただろう。だが、今の時代、それほど欲しいモノはなく、だからといってお金で与えられるとしたらいくらもらっても満足はしない。お金は使えば減るものだから、もっと、もっと欲しいと思うようになる。欲望にはきりがないのだ。

それでも、与えられれば与えられるほど得と考えている人にはもうひとつ、違うケースを想定してもらいたい。介護保険である。要支援1から始まり、要介護5まで介護保険では身体などの状況に合わせて保険が利用できる。介護度が高くなればなるほど、自分でできることができなくなればなるほど費用は多く出て、各種サービスを使えるようになるわけだが、それは本当に幸せかどうか。

これについては意見が分かれよう。辛いリハビリをするくらいなら何もせず、保険を利用しようと思う人。可能性があるなら自分で動けるように辛くてもリハビリをしようと思う人。後者の人にとっては与えられるから嬉しいではないはず。自分にとっての幸せと「与えられる＝住みやすい」が相容れないこともあるのだ。

そう考えると一般的に言われている「住みやすい」がイコールそのまちに住む満足ではないということが分かる。では、そのまちに住む満足とはなんだろう。

これまで言われて来たものとしては資産価値という概念がある。土地の価格が高くそれが維持されている状態である。多くの住宅購入者はこれを気にする。だから、資産価値が落ちないまち、物件という記事はいつでも読まれる。

だが、残念ながら、今後、資産価値を維持するであろうまちはそれほど多くはない。以前にも引用した清水千弘教授による、二〇一〇年から二〇四〇年の三〇年間で日本の住宅価格が平均でマイナス四六％下落するという数字を思い出していただきたい。

もちろん、場所によって下落幅は大きく異なるはずで、維持するところもあるだろうが、これほどの大下落の中で価値を維持する場所は誰がどう考えても都心部でしかあり得ない。首都圏のうちの、二三区のうちの、都心五区のうちの、さらにごく限られた場所、そこだけが資産価値という基準で考えた場合に生き残るまちということになる。

場所として限られているだけではなく、当然だがそこに住宅を取得できる人はさらに限られてくる。現在でも住宅価格、賃料は二極化と言われているが、今後はさらにそれが激化してくる。そこで資産価値を満足度を図る基準とすることには意味がない。多くの人には無縁だからである。

事例① 生産者住民になるという幸せ（埼玉県和光市）

とすれば他の価値を考えることになる。資産価値以外にそこに住んで幸せ、満足と思えるものを生み出すものは何か。ふたつ、考えられる。そのうちのひとつはまちの活動になんらかの形で関わり、消費者住民から生産者住民になることである。

埼玉県和光市の松本武洋市長は「本来、人間はクリエイティブなもの」という。そんなにすごいものでなくても何かを生み出したいと思っている。誰もが暮らしているということを考えると、それをもっとも実現できるのが暮らしという分野。つまり、日々暮らしているまちに関わることで、クリエイティビティを発揮できるはずだという。

そのため、和光市では市民参加型のまちづくりに力を入れている。同市では二〇〇四年一月から和光市市民参加条例が施行されており、重要な施策を決定するときには、必ず市民の意見を聴くこととなっている。市民参加の方法としては市民政策提案手続、パブリック・コメント手続（意見募集）、公聴会手続、審議会等手続、その他の方法（アンケートなど）となっており、それらの情報は市ホームページにリアルタイムで掲載されている。

ちなみに二〇一二年の大阪大学大学院法学研究科大久保規子教授が主催するグリーンアクセスプロジェクトの調査によれば市民参加・協働に関する条例を制定している自治体は自治基本条例を入れても三割程度。この時点で制定を検討している自治体も二割あったというから、以降で増えてはいるだろうが、それでも半分ほどということか。さらにホームページのトップの、目立つところに掲げられ、各種審議会等の情報が日々更新されている自治体はそれほど多くはないはずだ。

また、それ以外でも議会への請願・陳情のやり方が詳述されていたり、協働事業提案制度があるなど市民がやりたいという活動に対する支援は手厚い。たとえば、最近では埼玉県各地で開かれるようになってきたベビーカーコンサートは和光市で二〇一三年五月に生まれたものという。

「クラリネット奏者のお父さんがベビーカーでも入れ、子どもが泣いても気兼ねなく楽しめるコンサートをと相談があり、市のホールの使い方などを伝えたところ、ご自身で手配してスタート。第一回目から満員という大盛況で、以降、周辺の他地域にも広がっています。和光市は居住者の流動性の高い地域なので意識して市民参加を言い続け三期目。役所に丸投げしてもやってもらえないけれど、自分たちでやるからと言っていけば市からなんらかの手助けがあるということが伝わり、最近では各種の提案が来るようになりました」。

自分がやりたいことを応援してくれる行政があり、その活動が広く周囲に認められ、称賛されて続いていくとしたら、そこに住むことはどれだけ幸せなことか。活動を通じて人間関係が生まれ、自己実現が図れるまち。それが愛着になり、資産価値に替わる高い満足をもたらしてくれるのではなかろうか。

事例② スマホでまちに関わる（千葉県千葉市）

まちに関わるということでは二〇一四年から千葉市が面白い試みをしている。ちばレポ

(ちば市民協働レポート)という、まちで見つけた「困った!」や「お勧め!」をスマートフォンで撮影、可視化して市に送付、情報を共有するという仕組みで、現在のレポーター数は五四〇〇人弱。すでに六〇〇〇件を超す問題に対処している。一部はレポートした人たちが自ら対処することもある。

「よく市民参加と言われますが、これは危険な言葉。基本は行政がやってトッピングを市民がやる、好きな時だけ関わるというような受け取り方もできるからです。基本的には市民が自分でどうするかを考えて決める市民自治。税金は年貢と思われがちですが、実は自分たちに戻ってくる共益費。であれば、自分たちで使途を決め、できるところは自分たちでやって無駄なく使うほうが賢明でしょう」と千葉市の熊谷俊人市長。

そのための第一歩は関わっているという感覚だ。他人が作った料理に文句ばかり言っていた人が自分で料理を作るようになると文句を言わなくなるし、きちんと評価できるようになる。それを目指すというのである。

実際、ちばレポを使っている人たちへのアンケートを見ると「市に参加している感覚がある」「行政と市民の距離が縮んだように感じる」「我が町感が大きくなった(ママ)」などまちを見る目が変わったという答えが少なくない。消費者が運営者に変わったとでも言おうか、他人事ではなく、自分事としてまちが意識できるようになっているのである。

面白いのはレポーターには男性が八割近く、かつ三〇〜五〇代が七五％と、これまでまちに関われていない人達が多いこと。日常的に持ち歩いているスマホで、部署に関係なく情報を送りさえすれば良いという手軽さが、これならやってみようという気にさせたのだろう。まして、そこで送ったレポートにきちんと反応があり、まちが変わるとあれば、報告に手応えを感じないわけはない。

「若い人はまちに関心がないと言われますが、団塊世代だって関わる気のない人もいる。それに、まちと関わる手段が旧態依然で関わりにくいという問題もあるのではないでしょうか。ＰＴＡや自治会など昔からある組織では毎週いつ会合があってと昔ながらの手段で回っていますが、それでは参加できないことも多い。また、自治会の範囲も四〇歳以下の人たちの感覚からすると狭すぎる。従来の組織はそれとして、もう少し広域でファジーな、これからの時代にあった地域のプレイヤーのグループが必要だろうと思っています」

最近ではちばレポで活動をしている人たちがフェイスブックでグループを作っていたり、地元のＮＰＯや市民活動に参加する、自治会役員になるなどの例も出てきており、スマホで気軽に関わるところから、さらに一歩進んでいる人も増加中とか。自治会のようながっつり関わらなくてはいけない組織ばかりでなく、愛着度で付き合い方を自分で選べる組織があれば、これまで関わって来なかった人も関わる気になるはずだ。第3部の第1章でストロングタイ、ウィークタイという人間の繋がり方の強弱とその効果の違いについて書いたが、すでに現場ではそうした濃淡のある付き合い方の模索が始まっているのである。

多くの市民を巻き込んできたちばレポは現在、東京大学生産技術研究所と共同研究を進めており、全国の他の自治体でも使える仕組みとして開発する計画がある。行政と個人、普通では結び付けられないものを結び付ける力があるICTを上手に使うことで官と民の協働を進める、そういう意図である。

†住みたい、誇りに思う気持ちが重要

住みやすさ、資産価値に替わる、住んで満足する要因ということで、ここまでまちに関わることについて書いて来た。だが、そもそも、人は住む場所を住みやすさでは選んでいないのでは?と千葉市の熊谷市長は疑問を呈する。

「住みやすさで選ぶのなら、どうして中学校に給食のない、子どもの医療費助成が他地域に劣る横浜市が子育て世代に選ばれているのでしょう。横浜は住みやすさというスペックではなく、横浜に住みたいという気持ちで選ばれているのです。それを考えると住みやすさを高めるのは当然に必要だとしても、それ以上にそのまちを選びたいと思わせる何かが必要ではないでしょうか」。

神戸出身の熊谷市長は関西に比べ、首都圏の自治体が自分のまちの歴史に淡泊な点を長らく不思議に思ってきたという。大学では建学の、企業は創業者の物語を大事にするが、首都圏の自治体では市町村の要覧、まちによってはホームページにも歴史が載っていないことが少なくない。歴史よりも住みやすさのスペック合戦に血道を上げてきたわけだが、スペックで競争すると勝ち負けができる。あるいは横並びになってしまう。それよりは、そのまちにしかない物語を訴えたほうが良いのではというのである。

そこで千葉市では一〇年後の千葉開府九〇〇年を睨んで二〇一七年三月に観光ガイド「千葉市がもっと好きになる本」を発行し、千葉市固有の歴史やルーツに基づく魅力、独自性をアピールし始めている。一一二六年に居を構えた千葉氏の名がそのまま、地名になって使い続けられている希少さ、日本最大級の加曽利貝塚、二〇〇〇年以上前の種子から開花したオオガハスなど地元の人にとっては当たり前だが、社会的には珍しい事実を列記、ここにしかないものをアピールしているのだ。ページ内では都市アイデンティティと称されているが、自分の住んでいるまちが好きで誇らしく思う、この気持ちこそがもうひとつの、そのまちに住む満足を高める要素である。実際、まちで楽しそうに活動している人たちに聞くと必ずそのまちが好きという気持ちがベースになっている。

「横浜、神戸、京都、鎌倉、こういうまちに住んでいる人たちは住んでいるまちを聞かれたら神奈川県とは言わず、兵庫県とは言わず、まちの名まえを言う。それは住んでいるまちを誇りに思っているから。ところが千葉の人は自慢しない。本当は好きだとしても、それを説明できない。だから『千葉市がもっと好きになる本』ではその好きだという気持ちを裏付ける、ここは日本で、世界でこういうまちなんですよという公式見解を出した。そうすれば市民は自信を持って我がまちを自慢できます。九七万人の市民がPRしてくれれば、広く縁のないところにシティセールスをする必要はない。今いる住民を今住んでいるまちのファンにすることがもっとも有効なのです」。

住んでいる人がそこに住んでいることを誇りに思い、自慢するまち。どこに住んでいると聞かれて都道府県ではなく、市町村を、さらには最寄り駅や町名を上げるまちが生き残るというわけだ。

東京圏の場合、地元への帰属意識がないのか、または面倒くさいのか、住んでいるまちを聞かれて東京と答える人もいるが、東京という言葉は広すぎるほど広い。その圏内のすべてのまちが生き残ることはない。もっと身近な市区町村、あるいは駅名など身近な生活圏をわがまちと思う人がどれだけいるか。これから住んで楽しい、沈まないまちはそういう場所のはずだ。

そのためにはまちの歴史を尊重、他にない物語をきちんと伝えようとしている自治体に分がある。ホームページを見る際にはその点をチェック、スペック競争だけに血道を上げている自治体でないかどうかを確認したい。スペック競争は財源が無くなれば打ち切られるかもしれないが、歴史や独自の文化は無くなりはしない。

ちなみにその際、意識して欲しいのはホームページ内で上手に地図を使えているかどうか。これまで自治体のホームページは住んでいる人を対象に作られて来た。そのまちを知っていることが前提である。だが、これからは住民ではない、外の人たちにどれだけまちの魅力を伝えられるかも大事なポイントだ。その際、有効なのは地図である。まちがどこにあるのか、まちの中のどこに役所があり、学校があるのかなどを始めてそのまちのホームページを見る人がイライラせずに説明できているか。それができていない自治体はちょっと考えたほうが良い。東京圏ではさすがにあまりないようだが、●●市とだけあって、県名が書いていない自治体などは論外である。

ちなみに二三区内、埼玉県内などある限られた範囲で生き残るまちはどこですか?と聞かれた時に必ず、答えていることがある。それは不特定多数に山手線ゲームのように区名、市名を挙げてもらい、そこで多くの人が思い出せなかったまちがダメというもの。一〇人、二〇人に聞いてみて全員が思い出せなかったまちが生き残る確率は誰もが思い出したまちに比べ、かなり落ちるはずである。

事例③ ないモノは自分で作る（東京都調布市、千葉県流山市など）

まちが好きという思いから、まちに欲しいものがなく不満があるなら、行政から与えられるのを待つより自分たちで作ろうという人達があらわれ始めているまちもある。たとえば、東京都調布市ではねぶくろシネマという、子ども連れで野外で映画を楽しもうという活動が生まれている。調布市は居住者の平均年齢が若く、子育て世代の人口が高齢者より多いまちである。だが、施策はどちらかと言えば高齢者に向いているものが多く、子育て世代としては不満もある。だったら、自分たち子育て世代が楽しめるものを自分で作ってしまおう、それがねぶくろシネマのスタートだ。野外で、子ども連れで、時期によっては寝袋にくるまって映画を見る。これなら子どもが泣こうが、寝てしまおうが、誰も気にしない。親子で好きなように見られるわけで、二〇一五年一二月、寒風吹きすさぶ多摩川河原で行われたイベントは以降関東近郊ばかりか北海道、東北と全国に広がっている。

あるいは千葉県流山市では二〇一六年から市民団体ナツイエが共働き家庭の、保育園・学童保育の対象から外れる小学校四年生以上に夏休みの居場所を作ろうと活動を始めている。地域の他の市民団体とも連携、午前中は各種ワークショップを行い、午後からは宿題等をするというもので、初年度、翌年ともあっという間に定員に。ニーズは高いわけだが、これを市が主体となって実施するとなると、ここまでスピーディーに実現するのは難しい。民間でやる分、初年度一〇人、二年目三〇人と定員はまだ少ないが、確実にレベルアップしており、今後が楽しみ。もちろん、市も会場を提供するなど協力しており、和光市同様、市民のやる気に応えている。

こうした人達がいるまちなら、住んでいて楽しく、住みやすくもなっていくはず。もちろん、自分が何かを始めるにはハードルが高いだろうし、誰にでもこんなことができるわけもない。だが、参加するだけでもそこに人間関係は生まれるし、達成感も味わえるはず。実際、流山市では前述した通り、共働きを続けるつもりで転居してきたものの、通勤時間から断念する人が少なくないのだが、そのうちのかなりの人がまちの様々な活動に参加しており、実に生き生きしている。市の創業支援スクールの卒業発表に参加した時には「流山のために私に何ができるか」とまで流山愛に満ちた発言があり、驚かされたほどだ。

†面白くなっていくまちの見分け方

しかし、あちこちのまちを見ていると、こうした面白い活動を自立的に起こす人達がいるまちといないまちがあることが分かる。自治体レベルでもそうだし、地域レベルでも同様だ。どこで起きるかが分かるようになれば、地方再生にも応用できるはずだし、逆に起こすこともできるのではないかと思い、観察を続けているが、明確な答えは未だ出ていない。だが、いくつか、分かって来たことがある。簡単に項目だけを挙げておこう。

指標① 流動性があるまちは期待大

ひとつは人の流動性である。人の転出入がなく、流動性がないまちでは物事は動きにくい。変化がないことが常態で住んでいる人が固定されてしまうと新規参入や変化を拒むとすらある。いい、悪いという問題とは別に多くの人は環境が変わることを無意識に嫌う。さらに年齢が上がれば上がるほど変化を好まなくなる。前出の「閑静なまち」である。

長く住んでいる人が多いということから分かるように、流動性のないまちの多くは高度経済成長期に開発された、あまり利便性が高くない住宅街で、特に一戸建てが中心である場合には若い人が賃貸を借りて入ってくることもなく、人は動かなくなる。

一方で前述の松本和光市長はなんでも行政に頼ろうとする消費者住民とそうでない住民がそれぞれに多い地域があるとした上で、一戸建ての多い地域のほうが自分たちでやろうとする意識があるとする。「マンションが多く、新しいまちでは最初は淡泊で丸投げ傾向があるものの、一〇年以上して大規模修繕を経て住民がマンションを「自分ごと」としてとらえるようになると、新しい動きが出てくる」とも。一戸建ては建物、敷地内の管理は自己責任だが、マンションには管理会社、管理組合という丸投げできる相手がいる。その辺りで意識の差が生ずるというわけだ。

和光市は埼玉県では有数の若いまちであり、一戸建てエリアでもそれほど住む人が固定されておらず、高度経済成長期に開発されたまちほど高齢化が進んでいないことが想定される。その場合には住まいに責任を感じる度合いがまちへの関与度に影響するのだろう。

ひとつ、注意したいのは流動性が高いと言った時に単に動いた人数、人口の増減率だけではなく、生産年齢人口がどう変化したかも合わせて見る必要があるという点だ。二〇一七年一〇月一四日の週刊東洋経済は「地価崩壊が来る」と題した特集の中で「新陳代謝のある街・ない街」として全国人口流動ランキングを掲出している（図3－16）。それによると人口流動の多い街は上位から東京都千代田区、同中央区、港区、新宿区、渋谷区、目黒区などとなっており、都心部ほど流動性が高いことが分かる。

だが、総人口増減率と生産年齢人口増減率で見て行くと武蔵野市や杉並区などのように人口は増えているが、生産年齢人口が減っているという例がある。これは高齢者か、子どもか、いずれかが増えたということで、高齢者が増えたのだとすると流動性は高くても喜ぶべきではあるまい。誰が動いているのか、流動性に関する資料ではそこがポイントである。

図3-16　人口流動の多い街トップ10

順位	都道府県	市区	動いた人数（人　千人）	総人口増減率（%）	生産年齢人口増減率（%）	住宅地地価（円　㎡）	住宅地地価変動率（%）	総人口（人）
1	東京都	千代田区	258.4	16.57	15.79	2,647,500	26.37	57,123
2	東京都	中央区	232.6	18.11	15.46	960,300	25.20	143,464
3	東京都	港区	219.7	9.63	6.21	1,383,300	16.85	230,250
4	東京都	新宿区	218.0	4.14	1.65	605,100	10.26	297,253
5	東京都	渋谷区	216.7	5.91	3.36	1,005,700	10.78	212,453
6	東京都	目黒区	199.5	3.80	1.37	721,700	13.76	265,614
7	東京都	豊島区	196.6	3.44	0.86	526,100	11.04	257,247
8	東京都	中野区	194.8	3.37	0.98	502,200	8.77	309,767
9	埼玉県	和光市	192.2	3.59	0.63	208,000	10.46	79,223
10	東京都	文京区	190.6	5.91	2.89	789,100	7.64	204,795

出典：「週刊東洋経済2017年10月14日表示号」
人口の増減だけではなく生産年齢人口の変化に注目。高齢者ばかりが増えている可能性もある

指標②　三〇～四〇代主体のまちは変化する

高齢者が実権を握っているまちでは物事は動きにくい。これを実感するのは各地でまちを考えるワークショップやグループワークに参加した時である。なんらかの問題に対しての話し合いの結論は大きく二つに分かれる。ひとつは「行政がこれまで解決に取り組んで来なかったのがけしからん、今からでもやるべきだ、やってくれ」。もうひとつは「こういうやり方をしたら解決できるのではないか、自分たちでもやってみようと思う」。ここまで出てきた消費者住民と生産者住民の二種類に分かれるのである。そして顔ぶれを見ると、かなりの場合に消費者住民には年代の高い人が多く、生産者住民には比較的若い層が多い。おかみには従うものと教

育されてきた世代だから仕方ないという考え方もあるが、一般論としていえば、高齢者ほどおんぶに抱っこを好むのである。

また、高齢者ほど地域による差を強く意識、仲良くしたがらないことも多い。例えば台東区は一九四七年に旧東京市の下谷区と浅草区が合併して誕生した。二〇一七年で合併から七〇年経つ。だが、いまだに上野と浅草は仲が良くない、すぐに対立すると台東区内では嘆く声がある。あるいは文京区の本郷と白山のように、近隣にあるまち同士で気風が違うと言いあい、互いを嫌う風潮もある。埼玉県では大宮と浦和もよく話題に上がる。もちろん、高齢者だけがこうした行動を取るわけではなく、若い人でも隣の町会、商店街と仲が良くない例はあるが、概して高齢者のほうが住む世界が狭いことが多く、地域全体を盛り上げようというような動きには賛成したがらない。若い人が動かなければダメなのだ。

特に現在、往時よりも疲弊、衰退しているまち、商店街であれば、そこに三〇〜四〇代が動いていなければそのまちの再生は難しい。理由は簡単だ。今の二〇代には中心市街地、商店街が栄えていた昭和三〇年代、四〇年代の記憶がない。辛うじて記憶があるのは四〇代から上。だとしたら、その年代が頑張っていなければ、それより若い年代はここはこんなものと諦めてしまう。

もうひとつ、三〇〜四〇代とそれ以上で違うことがある。バブルを知っているかどうかである。バブル期の急激に伸長する経済を覚えており、その時に美味しい思いをした人はその成功体験を忘れられない。だから、無意識のうちにまちづくりの目標をあの時の再現に置く。今を昔に返したいと考える。

だが、これからの日本であの時のような成長はほぼあり得ない。今よりも未来を少しでも良くという地道な考え方でなければ現実的ではない。そうした複合的な意味で、これから面白くなるまちは三〇~四〇代が担っているのである。

指標③　首長はまちの顔

地方自治体では首長が変わることでまちが変わる。昔からの地元の名士、地主が延々と首長を続けているまちもあれば、ヨソから来た人がいきなり首長になる自治体もある。もちろん、そのまちがなんら問題を抱えておらず、変わる必要がないならそれで良いわけだが、多くのまちは問題を抱えている。それでも変われない、変革が必要な時に変革できないまちがこの先、面白くなるとは思えない。

また、前述した調布市や若い人達が同時多発的に面白い活動を始めている川崎市、南池袋公園で話題になった豊島区などでは副市長、副区長や職員が市民の活動に参加、それを応援するような動きをしている。かつてはお役所の人たちといえば役所の奥に鎮座しているという印象があったが、今どきのできる職員は現場にいる。同様に沿線での市民の活動によく顔を出す鉄道会社もあれば、全く無関心な会社もある。当然だが、沿線の価値は鉄道会社によっても左右されることを考えると、どちらが良いかは明白。これについては地元の集まりなどの顔ぶれを見たり、参加者に聞くなどしてみるとだんだん分かってくるものである。

指標④ 小さなまちほどチャンスがある

自治体として考えた時には人口、面積の少ない、小さなまちのほうが変わりやすいという声がある。地域としても同様で、顔の見えるサイズのほうが繋がりやすく、動きやすいのである。だが、千葉市のようにＩＣＴを使うことで距離感を越えた関わりを作っている例もあり、大きいからダメということでもない。逆に小さすぎると匿名性が無くなり、動きにくくもある。また、大小と言った時にどのくらいのサイズが良いのかも難しい。これについては以降でも触れていきたい。

指標⑤ 住宅価格の高いまちは動きにくいことも

人口の流動性では都心部ほど高かったが、そうした場所では住宅価格も高い。矛盾するのだが、住宅価格が高いまちでは地域に関わる活動が少ないという印象がある。特に新たにそのまちに住宅を買った人は稼ぐことに追われてしまい、まちの活動にまで手を出す時間がないのではないかと思うのである。地元目黒区など都心部のまちの活動に参加してみると郊外とは明らかに年代層が異なり、リタイア層が中心になっている。もちろん、リタイア層の全てが変化を好まない人達とは思わないが、行動力、情報発信力など今どきの活動を支える力で考えると微妙に違うだろうと思うのである。

また、千代田区の一部などの、いわゆるお屋敷街と言われるようなそもそも住んでいる人の少ないまちでも活動は起きにくい。何かしようと思っても、人が集まらなければまちの動きにはつながらないのだ。

4　「東京は冷たい」という思い込み

東京を評価する時に必ず出てくる単語のひとつが「冷たい」である。二〇一三年二月にニフティが行った「東京の人のイメージ調査」でトップになったのは「他人に無関心、冷たい」で五四％。アンケートに協力した人のうちの半数以上は東京の人に冷たいという印象を抱いているわけだ。ちなみに第二位は「急いでいる、歩くのが早い」、第三位は「自信家、見栄っ張り、プライドが高い」である（図3－17）。

だが「東京の人」とは誰のことだろう。東京の人口は徳川入府以降に全国から人が集まって増加したものの、明治になって各地の大名が自国へ引き上げたと同時に激減、その後終戦に至るまで緩やかな人口増が続き、終戦で再度激減、その後は昭和四〇年代半ばまで激増、その後は緩やかに増加し続けるという動きをしており、外から人が入ってくることで増えてきた。つまり、長くこの地に住み続けてきた人は非常に少ない。

三代続かなければ江戸っ子ではないという言い方は三代住めばそれで十分に江戸っ子、

この地に長く住んできたと判断されるという意味で、他の古くから人が住んできた地域に比べればはるかに歴史が浅い。江戸、東京は全国から集まった人たちで構成されており、それを「東京の人」というのは実はおかしい。大半が元々、東京の人ではないのだ。

加えて、近年、進学で東京へ出てきた人たちは故郷へ戻らない。二〇一五年の国土利用白書は地方圏における年齢別人口移動の状況に関して、大学進学期、就職期、退職期の三つのタイミングで人がどう動くかの統計を出している（図3−18）。かつては大学進学などで地方から三大都市圏に移動した人が就職期に地方に戻る例があったが、二〇〇〇年以降はそのまま都市に残る人が増えたとしている。また、今後はさらに増えるだろうとも予測している。

背景には就職の機会が都市に集中しているという事情がある。仕事が無ければ帰りたくとも帰れない。今、東京で働いている人たちもそうした事情で残り続けている人が少なくなかろうし、これから東京に来る人たちも同様の判断をする可能性は高い。

一方で大学進学期に都市に行かず、地元の大学に進学する割合も増えてはいるのだが、その後、都市に出てくるのだとしたら、結果はやはり都市に人が集中することになる。最近では高齢者のみならず、三〇～四〇代の脱東京志向の高まりもあるが、だからといって多くの人が東京を離れるわけではなかろう。冷たいと嫌いながらも、東京に住み続ける人

図3-17　東京の人のイメージは？（男女別複数回答可）

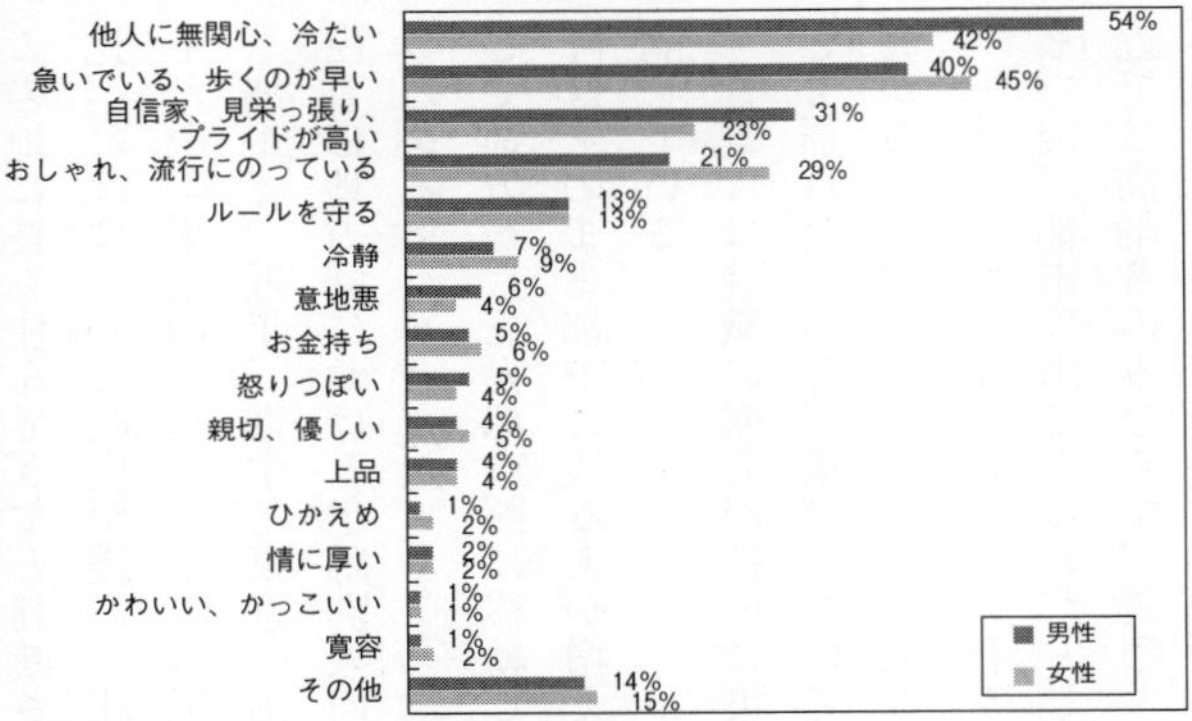

出典：「東京の人のイメージ調査」（2013年・nifty ニュース）

図3-18　地方圏における年齢別人口移動の状況

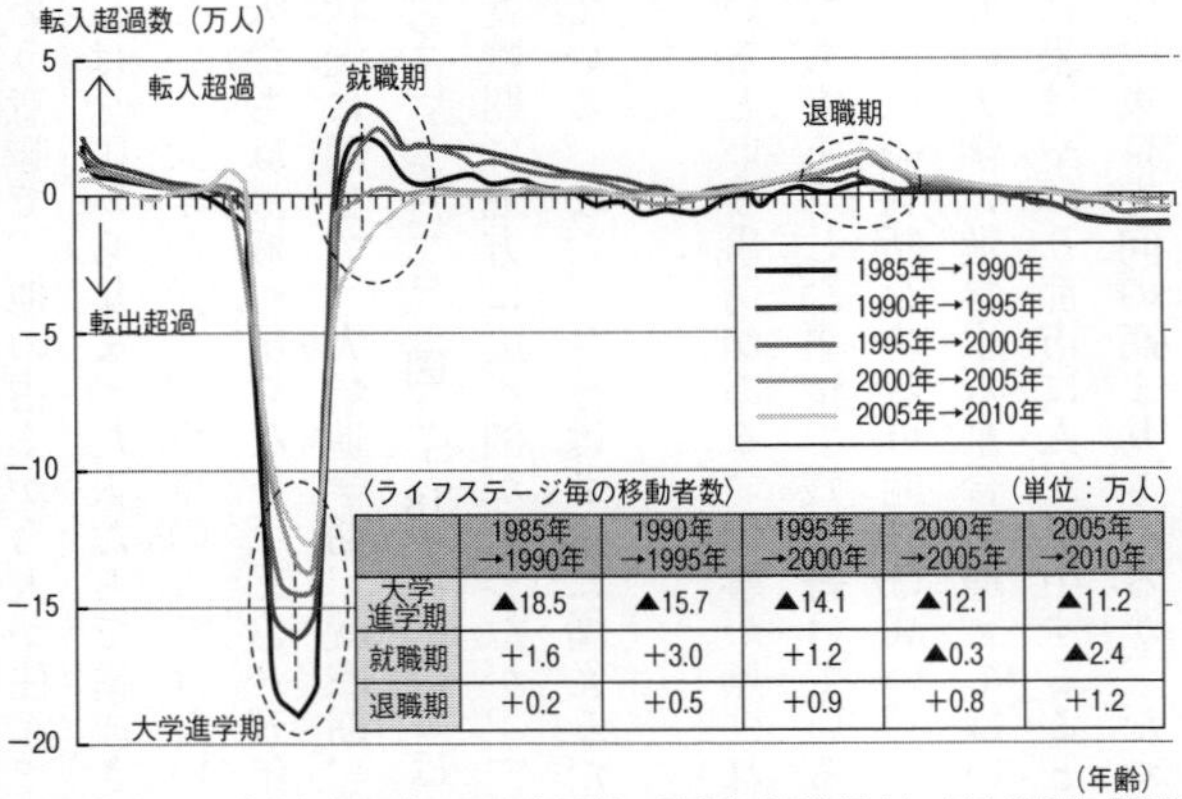

〈ライフステージ毎の移動者数〉　（単位：万人）

	1985年→1990年	1990年→1995年	1995年→2000年	2000年→2005年	2005年→2010年
大学進学期	▲18.5	▲15.7	▲14.1	▲12.1	▲11.2
就職期	+1.6	+3.0	+1.2	▲0.3	▲2.4
退職期	+0.2	+0.5	+0.9	+0.8	+1.2

出典：「国土利用白書」（2015年・国土交通省）。総務省「国勢調査」、厚生労働省「都道府県別生命表」より国土交通省作成

注：各年齢の人口移動は、5年前からの移動を示す。ライフステージ毎の移動の表の数値は、大学進学期は19〜21歳、就職期は24〜26歳、退職期は58〜62歳の平均。地方圏は、三大都市圏を除く都道府県の合計。

が多いのである。

†地元を楽しくしようとする人たちがいるまちが生き残る

しかし、その状況はあまりハッピーではない。どうせ住むなら、もっと楽しく住みたいではないか。仮暮らしであるとの意識を持ち続け、東京の悪口を言う人も少なくないが、いずれ郷里に帰るならいざ知らず、帰らない、帰れないのだとしたら、今いる土地を大事にしたほうが日々の生活を良くできるのではなかろうか。いつか送れるようになるかもしれない、不確定な故郷での幸せな暮らしを夢想して、毎日の東京での生活を馬鹿にし、疎かにするのは短い人生の浪費でしかない。

その状況を変えるためのヒントは郷里を懐かしく思う気持ちの中にある。地元に帰りたいと思う時、何を思い出すかである。いろいろな人に聞いた。それぞれに思い出すものは異なっていたが、いくつか共通するものがあった。かなりの人が親や兄弟姉妹、友人、恩師その他、親しい人を思い出し、子どもの頃から見慣れたご近所の風景や風物、過ぎた時間を思い出す人も多かった。馴染んだ、安心できる何かがある場所、それが郷里を懐かしく思う要因なのである。

逆に言えば、東京を冷たいと感じる人達の暮らしにはそうしたものがない。知らない人ばかりに囲まれた、仕事を中心にした緊張を強いられる生活。そこに仕事その他でのトラブルなどがあれば安心できる場に、人に思いが行くのは当然だろう。であれば、そういう関係を周囲に作るのが、これから東京で気持ち良く暮らしていくためのノウハウであり、選ばれるためのまちの作り方ではなかろうか。いささか軽い例えだが、誰も知る人がいないパーティーは苦痛だが、そこに顔見知りが一人、二人いれば多少は楽になり、顔見知りの数が増えれば増えるほどその場にいることが楽しくなってくる。まちも同じと考えれば良い。東京都を郷里に変える努力をする人がいる、そうした動きがあるまちが住んで楽しいだろうし、残っていくまちというわけだ。

ただ、そのためには匿名性の中に閉じこもっているわけにはいかない。多くの、見知らぬ人達が集まって住む都市では、人は不特定多数の、個人が認識されない存在。それが他人に干渉されない自由を与えてくれる一方で孤立をも生むわけだが、新たな人間関係を作ろうとした時にはそこから多少でも抜け出すことが必要になる。

また、職場や学校とは違い、まちの中では向うから話しかけてくる人はそれほど多くはない。ある程度、自分から働きかけることも大事だろう。以下、まちに顔見知りを増やし、愛着を持つようになるための活動をしている例を紹介しよう。

事例① 民間図書館で地元に愛着を（千葉県船橋市）

多くの人はまちで見知らぬ人に働きかけることには慣れていない。最近は防犯上の懸念から、引越し時の挨拶はしないほうが良いと推奨されていることもあり、同じ建物に住んでいてさえ、顔も名まえも知らないというケースが少なくない。

そんな中、地域に顔見知りを増やそうという活動をしている例がある。船橋市で二〇〇四年以降、民間図書館を作っているNPO法人情報ステーションだ。これは当時、早稲田大学理工学部一年生だった岡直樹氏が立ち上げた活動で、二〇〇六年には第一号となるふなばし駅前図書館がオープン、その後、順調に数を増やし、二〇一八年四月には船橋市内に二六館を始め、千葉県から首都圏、京都、九州なども含め合計九一館を展開している。

場所は駅ビル、飲食店、自動車販売店その他の店舗やマンションの共用部、老人ホームなどの一画で、図書館を作ることでそこに人の交流が生まれることを意図して店舗オーナー、マンション事業者などが開設を希望。そこに情報ステーションが理系の岡氏が自前で開発した図書館の書籍管理などのシステム、パソコン、書籍を貸し出し、維持費を払ってもらう仕組みになっている。

この事業を思いついた理由は二つ。ひとつは自身が通学に時間がかかり、公共の図書館を利用できないことから。もうひとつは地元船橋が利便性で選ばれ、利便性で捨てられる、いってみれば単なる通過点になっている状況をなんとかしようと考えたもの。東京近郊のまちにはよくある話だが、通勤・通学の楽さと家賃の手頃さで選ばれたまちはそれ以上に通勤・通学に楽で手頃な場所があればすぐに捨てられる。特に賃貸では以前よりも初期費用が安くなり、住み替えやすくなったからだろう、住んでいるまちに愛着を持つことなく、さっさと他のまちに引っ越して行ってしまうのだ。

だが、と岡氏は言う。

「そのまちに友だちが一〇〇人いたら、ヨソへ引っ越しますか？」

単純な言葉だが、今住んでいるまちにたくさんの友だちがいたら、そのまちを冷たく、嫌な場所と思うことはないだろう。それがまちに愛着を持つということと考えると、いかに地域に人間関係を紡ぐかは重要だ。

そのため、情報ステーションでは書籍は寄贈で集め、運営スタッフはボランティアという、周囲の人を巻き込みながら運営する仕組みになっている。駅前など分かりやすく、いつも通る場所にあり、しかも公共の図書館より夜遅くまでオープンしている民間図書館は利用しやすく、敷居が低い。最初は利用者だった人がボランティアとして参加、熱心に活動している例もあり、確実に利用者、ボランティアは増えている。

民間図書館は公共図書館と異なり、社会教育施設ではない。公共図書館は静かに本を読む場所で、利用には様々な制約があるが、民間図書館は交流の場。本を通じて知り合いが増え、ボランティアをすることでやりがいや楽しみも生まれると岡氏は言う。

二〇一六年時点で登録ベースでは七八〇人ほどのボランティアがおり、利用者は一万二〇〇〇人以上。現在の目標は船橋市内に三〇館を作ることで、これは船橋市の中学校数をちょっと上回るくらいの数だ。中学校区くらいの広さを意識しているのは、厚生労働省が進める地域包括ケアシステムと同じである。

つまり、歩いて三〇分ほどの日常の生活圏に一館という計算で、顔が見える範囲に知り合いを増やすという考えである。一館では限られた人数の繋がりしか生まないとしても、それが三〇あれば、広い市内に緩やかなネットワークができる。それがその人たちをこの地に繋ぎとめてくれるのではないかというわけだ。

確かに幅広い年代、職業の人がいるからと朝から夜までと長時間に渡って開かれる情報ステーションの忘年会に老若男女が集まる様子を聞くと、少なくともそこに集まっている人たちがこの地に愛着を持ち、豊かな人間関係を築いていることが分かる。

事例② マンションの管理組合同士が連携（川崎市高津区）

次の例は個人ではなく、マンションの管理組合が主体となった活動だ。川崎市高津区にあるマンション内の活動が地域に広がりつつあるという例である。中心になっているのは、一九八四年に三井不動産（現三井不動産レジデンシャル）の「パークシティ」シリーズの第一号として分譲したパークシティ溝の口。全一二棟、総戸数一一〇三戸という大規模マンションである。

この物件は地域のランドマークと目されている物件で、築三〇余年でありながら分譲時と同じ価格水準で取引されており、売り物件が出ると一週間、一〇日で売れるという人気が長年続いている。その要因としては物件誕生以降に駅前再開発が行われ、溝口というまち自体の認知度、人気が上がったこと、駅から五分という立地に加え、建物や設備等の先進性が挙げられるが、もうひとつ、重要なのが管理組合のしっかりとした活動である。大規模修繕その他がきちんと行われ、かつ入居者有志「園芸の会」が敷地内を彩る植栽の手入れをしており、いつ訪れても魅力的な空間になっているのである。

そのパークシティ溝の口が二〇一四年以降、地域にある他の大規模マンション二棟との連携を始めている。築年数の古い同物件では入居者の高齢化が進んでおり、子どものためのイベントでは参加者が少ない。逆に新たに分譲された他マンションでは若い入居者が中心で、祭りや大規模修繕時などのノウハウがない。そうした互いの特徴を踏まえ、ノウハウを共有し、一部の活動を協働することでマンション内の活動を効率化し、地域を活性化していこうというのである。

高齢化で人口が減少している同地域では大規模マンション住民の存在感が増しており、世帯の四割はこの三物件住民という。三物件を合わせれば、二〇代から六〇代以上までと幅広い住民がいることもあり、この連携には大きな意味がある。実際、街では高齢化のためできなくなっていた祭りが復活したり、この三物件の子弟が通う小学校の六〇周年行事が多くの保護者の協力でにぎにぎしく行われたりと活気が生まれているのである。

いくら手入れをしても、不動産は経年によって劣化していく。その価値を保つためにはいくつかの手があるが、そのひとつがまちの価値を維持し続けることである。極端な言い方だが、過疎地の御殿と便利な駅前の建売住宅だったら、どちらが選ばれるかを考えれば、まちの賑わいが建物そのもの以上に価値を持ち、価値を上乗せすることが分かる。そして、まちの賑わいはそこに住む多くの人が繋がることで生むことができるものなのである。

†マンション住まいの常識を変える人々

東京、特に二三区では全世帯に占める分譲マンション戸数の割合が年々増えている。これを「マンション化率」として発表している不動産専門のデータバンク「東京カンテイ」の二〇一六年の調査では東京二三区では三・二世帯に一世帯がマンションに住んでいる計算になっているという。さらに都心であれば千代田区、中央区で一・二世帯に一世帯、港区で一・三世帯に一世帯などと高率に及んでおり、マンションに住んでいる人たちがまちに関わる気があるかどうかでその地域の動向も変わってくるのではないかと思われる。

一般にマンション居住者は他居住者と関わりたがらないとされる。国土交通省が五年に一度、マンション管理に関する施策の効果検証、将来必要な施策を検討するために行っている「マンション総合調査」によると、二〇一三年度調査で管理組合運営における将来への不安として挙がったのは「区分所有者の高齢化」(五七・〇%)が最も多く、それに次ぐのは「管理組合活動に無関心な区分所有者の増加」(三四・八%)、「理事の選任が困難」(三一・八%)だった。これまで参加してきた入居者が高齢化、それに続く人達に無関心層が増え、理事の選任が難しくなっているというわけだ。

特にタワーマンションでは他人に関わりたくない傾向が強いと言われ、私自身も入居者を集めた座談会で「他人と関わりたくないから、わざわざ一戸建てを売ってタワーマンションに引っ越した」等の声を複数聞いた。人間関係が煩わしいから、マンションに住むというのである。

そうした、これまでの傾向からすると溝口の例は新しい動きであるが、決して溝口のみの動きではない。江東区豊洲や同有明、千葉県流山市など大規模物件が多く、比較的若い居住層が多い地域ではマンション間の連携が始まりつつあるし、地元の町会と防災訓練、祭りを協働している中央区日本橋の再開発マンションリガーレ日本橋人形町などの例もある。マンションの管理組合としてどれだけ中だけでなく、外に目を向けることができるか。それが自分たちの住む建物の価値を上げ、日々の生活を豊かにし、まちを持続させることに繋がるはずである。

事例③ 大家が住民と地域を結ぶ（足立区西新井）

続いては賃貸住宅のオーナーが、知らない土地に引っ越してきた人たちと地域の架け橋になっている例である。その物件、パルコカーサがあるのは足立区西新井。元々は現在の所有者である田口家の三兄弟の祖父が始めた銭湯があった場所で、かつての銭湯は地元のコミュニティが生まれる場だった。それがよく分かるのが「たちばな湯」と呼ばれた銭湯に隣接する公園が「たちばな公園」と呼ばれていたことから。その様子を見て育った三兄弟は賃貸住宅を作るのに際し、入居者間、入居者と地域の間にコミュニティが生まれることを意図した。

入居者間のコミュニティを謳っている物件は他にもある。珍しいのは地域との繋がりである。これができるのはオーナーが町会で役員をしているため。コミュニティを育むことを考えると、入居は誰でも可というわけではない。ホームページでは以下の三点を挙げ、「こんな住まい手を求めています」という。

・他人の子供にも、自分の子供と同じように声がけができる人
・地域コミュニティと家族の関係が、生活に潤いを与えてくれると考える人
・自分の暮らしだけでなく地域や環境への取り組みにも広く関心を持てる人

他人に関心がないという人は入居できない仕組みなのである。

そして、入居時には地元の町会への加入が必須条件である。入居者間では仲良くするにやぶさかではないが、町会加入とまでなると二の足を踏む人もいるかもしれない。だが、この町会では町会長が「子どもはまちの宝」と子どもが参加できるイベントを多く開催したり、小学校入学時などにはお祝いにと図書券を出しているという。しかも、町会の役員が一軒ずつを訪ねて手渡しするという、人間関係を重視したやり方である。

年に二度ほど敷地内で開かれているバーベキューにお邪魔したことがあるが、すでに人間関係ができているからだろう、誰に指示されるわけではなく、それぞれが作業を進め、順次料理が出来上がり、酒が酌み交わされる。初めて東京で暮らすという家族もここなら安心だろう。入居者間のみならず、地域にも顔見知りがおり、その人たちが子どもなどを見守ってくれているのである。これなら、初めての東京でも冷たいとは思わないはずだ。

元々、東京の、特に下町にはこうした人間関係があったし、今も少なくはなってはいるものの、また、どこにあるか、外から見ていると見えにくいが、確実に存在している。そこに溶け込むことができれば、東京は決して冷たいまちではないのである。

†災害時にも不安、町内会という問題点

だが、おおかたの町内会ではこうしたことができていない。大きく二つの理由が挙げられる。ひとつには現在の町内会がある意味、行政の下部組織となっており、行政からの文書を全戸に配布したり、寄付を集めたり、民生委員を推薦したりなどといった仕事で忙殺されており、本来の役目を果たせていないということ。そして、その忙しさを懸念、さらに共働き、子育てや介護などで時間が取れない人が増えていることもあって、役員のなり手が減っていること。その結果、現在、町内会に加入している人に回覧板を配る程度のことはできるとしても、それ以上に新たに引っ越してきた人に町内会参加を呼びかけることができていない町内会が少なくないのである。

わざわざ加入しなくてもという人も増えている。そもそも、町内会は任意団体。特に東京のように自分たちで地域の草むしりやどぶ浚いなどの作業をやらずとも、住環境が成り立って行く場所であれば町内会のメリットは見えにくい。メリットがないのに町内会費を

払い、貴重な時間を費やすなんてと思っている人が少なくないはずだ。

一方で東京に限らず、都市では最近、災害時には共助が必要と言う言葉が聞かれるようになっている。公が行う公助では広い範囲に稠密な人口を抱える都市の被災者をすべて救うことは難しく、住民同士が助け合うことが大事ということだが、その際に主体となるのは誰かという問題がある。常日頃から人間関係のない、ある種他人同士の烏合の衆が助け合えるとは思えない。だとしたら、そこには何かしらの団体が必要だ。

だが、それについては共助を口にする防災関連の専門家の大半が答えられない。地域によって町内会、商店街、ＰＴＡなど、いろいろな団体があるだろうが、町内会は対象が限定される商店街、ＰＴＡと違い、そこに住む人全部を包摂できる間口の広い組織である。しかし、残念ながら現状ではそうした意味で機能している町内会は少ないようだ。

住民の任意団体であることから、行政、政治が音頭を取るのも違うだろうし、現在、加入している人たちに改革する力がある人が多くいるとは思えない。一部にはボランティア団体としての町内会を再編成する動きもあるようだが、それがどこまで広まるか。本来であれば、まちに繋がりを生むために機能できるはずの組織であるのだろうが、今の段階では期待薄。事例のような動きが出てくれれば面白いと思うのだが。

事例④ 住民以外の関係人口を増やす（文京区本郷）

住んでいる人に働きかけるだけが、そのまちに顔見知りを作り、まちに愛着を持ってもらうための手立てではない。特に都心のように家賃、住宅価格が高い場所で新たに住む人を呼び込むのは難しい。そこで考えたいのが関係人口を増やすという手である。関係人口とはその地域に現在居住はしていないものの、出身者や勤務経験者であるなど継続的な関わりがある人のことを指し、総務省はこうした人たちが週末などにもっと地域に参加することがその地域を活性化するものと考えている。総務省の場合は主に都市圏以外を想定して関係人口を想定しているが、都市でも同様のものはあり得る。

たとえば、文京区本郷でまちづくりを行っているNPO法人街 ing 本郷には学生や地域で働いている人など、そこに住んでいない人もメンバーとしながら活動を行っている。ご存じのように本郷は歴史の古いまちで、かつ学生の多いまちでもある。町会、商店街が高齢化する中、その不足分を地元にいる学生、ビジネスマンなどにも補ってもらおうというのが、街 ing 本郷のやり方である。

今は地元の町内会がやっている公園清掃や夜間の火の用心の見回りなど、高齢化が進めばできなくなるだろうことはいくつも予想される。だが、町内会には基本その町域に住んでいる人だけしか関われず、商店街も同様。町域、商店街という枠を超えた地域には関わりにくい。地域にある既存の組織同士のうちには直接手を組めない関係というものもある。だとしたら、既存の組織はそのままにしておき、それらに横串を差す、利害関係のない組織が必要ではないか。街ing本郷の発端はその発想から。当初は長くても四年で地元を去っていく学生に参加してもらってもという声もあり、納得してもらうまで時間がかかったそうだが、成果は徐々に上がりつつある。

地元の五つの、内情、目指すものが違う商店街が直接一緒に活動をすることは難しくても、街全体を百貨店と捉え、個店をアピールするなら問題はない。この取組みは二〇一五年にグッドデザイン賞を受賞している。また、地域の高齢者宅が自宅の空き室を提供、学生と同居するひとつ屋根の下プロジェクト、空き家にまちの書生として学生に住んでもらう書生プロジェクトは各種メディアで度々取り上げられている。その他、様々な勉強会、イベントなどが立上げられており、従来の組織だけではできない賑わいが生まれつつある。

本郷に限らず、三田、高田馬場や国立、横須賀その他では地元の大学と商店街などが組んだまちづくりが行われており、持続性という問題を抱える例もあるものの、一定の成果は挙げている。大学があるなら、まずはその人達を、それ以外にも地元にいる若い人たちをどう取り込むか、まちの活動はそこがポイントになっている。

事例⑤ 沿線で繋がるという発想（中央線デザインネットワーク）

町内会、商店街という枠を超えて活動するNPOを紹介したが、ここでひとつ、考えたいのは、前章で千葉市の熊谷市長も言っていた通り、従前の町内会、商店街という地域設定は狭すぎはしないかということである。ネットを介して離れた場所の、世界中の人と繋がることが日常となっていると、わずか二〇〇m、三〇〇mほどの範囲で密な人間関係を求められるのは窮屈過ぎる。

また、その範囲だけで何かをやるのはあまり効率が良いとは思えない。私の住むまちでは商店街は通りごとに別々の組織となっており、通りごとにイベントが開かれているが、せいぜい一〇店舗程度の組織で何かやろうと考えるより、その予算を集めてまち全体の商店街で一度に活動をしたほうが面白いモノができるはずだ。

実際、若い女性に人気の高い自由が丘（目黒区）では全商店街が参加して女神祭りなる大きなイベントが開かれ、周辺の人たちのみならず、広域から人を集めている。どうせなら、まちの商店街全体で活動したほうがまち全体をアピールすることができるのである。

そうした従来のまちにある地域分けとは違う広がりをもって活動している例がある。中央線沿線に住んでいたり、働いていたり、好きだったりする人をネットワークする「中央線デザインネットワーク」である。住む、働くだけでなく、好きという人も含めるというあたりが従前と違うところである。

これまでのまちづくりや移住では直接的、具体的にまちに関係を持っている人のみを対象としていたが、それだけでは関係者が限定されすぎる。関心がある、好きと言う人たちはその地に住む、働くかもしれない人予備軍とも言えるし、もし、本人がそうした活動をしなくても情報発信その他で力を貸してくれるはずだ。

このネットワークは東京駅から高尾駅までの三二駅（広範囲！）を対象にデザイン関係者の交流を図り、活動を展開することで、それぞれの地域と暮らしを楽しくする試みという。具体的には各駅に活動の母体や拠点を作りながら、緩やかに連携していくとしている。

いくつかある拠点のうち、国立にある本をキーワードにした居場所「国立本店」を取材したことがあるのだが、本を読みたい時に自由に利用できる場であるだけではなく、自分たちで文庫本を作り、まちの銭湯を応援したり、取り壊される歴史ある洋館を記録する活動をするなどとやっていることは幅広く、一口では説明しくにい。そもそも、ボランティアでメンバーになった人が参加費を払って店番をする仕組み自体が分からない人には分からないだろう。普通は店番をやったら、お金を払ってもらうものである。場を使えるようになるとはいえ、なぜ、お金を払って働くのか？と。

だが、メンバーになればそこで仲間ができるだけでなく、地元に関わる、イベントや印刷物を作り上げていくなど、受け身になっているだけではできない楽しみがある。銭湯を応援するイベントではリーフレットを作り、告知し、イベントを仕切りとメンバーが手分けしていろいろな活動を行っていたが、利害関係のない仲間と一緒に何かを作り上げ、それが世に何かしらのインパクトを与えるとしたら、こんなに楽しい遊びはない。東京は冷たいなど、つまらぬ戯言を言っているヒマはない。

中央線デザインネットワークはエリアで生まれているプロジェクトを以下のように紹介している。

「人や場所や技術がつながり、やりたい人だけが集まることで、主体的に、自然発生的に生まれるプロジェクト。「中央線デザインネットワーク」では、そんな意義のある楽しいプロジェクトを生み出し　育て、見守っていきたいと考えています」。

それは町内会や商店街など地図上にある地域に規定されるエリアではなく、そこにいるからという理由だけで参加を求められる活動ではない。やりたい人が、主体的に、自然発生的に。これまでの地域の活動にはなかったやり方がまちにいる知らない人同士を結び付け、まちを楽しくしていくことになるのだろうと思う。

5 「大都市だから」という驕り

†表通りからは見えない衰退の影

東京、特に都心近くにいると人口減少や少子化、高齢化や空き家問題はどこか他人事だ。通勤電車は相変わらず混んでいるし、繁華街は賑やかで、人が減っていることを感じにくい。だが、赤坂や新宿、六本木といった繁華街ですら、路地を入るとそこには空き家があるし、廃墟化している建物を見かけることもある。賑やかな表通りの裏にひたひたと問題が迫ってきているのである。

いくつかの調査報告がそれを明らかにしている。たとえば、二〇一五年六月に出された日本創成会議首都圏問題検討分科会は今後の東京圏の急速な高齢化、それによる入院需要、介護需要の大幅な増加と不足を予測している。

それによると、二〇二五年までに入院需要は全国平均で一四%増加するが、東京圏ではそれを越す伸びが予想され、最も多い埼玉県では二五％増、ついで神奈川県が二三％増、千葉県が二二％増、東京都が二〇％増である。さらに介護需要では二〇二五年までに全国平均で三二％増が見込まれるが、ここでも東京圏の増加が著しい。埼玉県では五二％増、千葉県で五〇％増、神奈川県で四八％増、東京都で三八％増というから、なんらかの手を打たなければ東京圏では大幅な医療、介護不足が起こるのである。

†軍艦島マンション増が変える都心の暮らし

大都市では空き家問題も地方、郊外とは異なる様相を見せる。二〇一五年の富士通総研の研究レポートで主席研究員の米山秀隆氏は大都市での空き家問題には木造住宅密集地域が存在すること、中古戸建ての流動化が遅れていること、賃貸住宅や分譲マンションのストックが多く、管理が放棄された場合の潜在的な問題が大きいことなどを挙げている。

これらの問題が地方、郊外のそれと大きく異なるのは周囲への影響である。周囲に住宅のない地域で空き家が放置されたとしても景観上、防犯上、防災上、いずれの場合においても影響はそれほど大きくはない。極言すれば、放置したままで朽ちるに任せても問題ない場合がある。だが、人口が集中、建物が密集している都市ではどのケースも周囲に多大な影響を及ぼす。

たとえば二〇一一年の東京都「マンション実態調査」によると都内には分譲マンションが約五万三〇〇〇棟あるが、そのうちの二割強にあたる約一万二〇〇〇棟は旧耐震基準、つまり建てられてから三六年以上が経過しているという。建物も入居者も高齢化している。だが、ご存じのように建替えは難しく、二〇一四年の時点で全国で二三〇件しか行われていない。東京都では二〇一七年九月に容積率を緩和することなどで建替えを支援する制度をスタートさせているが、それで大幅に建替えが進むとは考えにくい。となると災害時に倒壊するかもしれないマンションが都内あちこちに点在する状況は変わらず、今後、居住者のさらなる高齢化が進むとしたら、どうなるか。

現状でもかなりの高経年マンションでは管理組合総会がぎりぎりで成立しているケースが増えている。要因としては所有者が施設に入るなどで居住しなくなった、あるいは死亡後、空き家化している、認知症その他の疾病で参加できないなど。いずれも今後、好転することは期待できず、近い将来、総会が成り立たなくなる物件が出てくるはず。となると建替えはもちろん、大規模修繕すらできなくなることも考えられる。

その状況が続くと、設備の不備を嫌って入居者が減少、いずれはごくわずかな住民のみが取り残される状況が想定される。軍艦島化が進むと言っても良い。遠くにあるなら観光名所だが、それが我が家の近隣にぽつぽつ建っているとしたら、どうだろう。災害時の倒壊が怖いだけではなく、景観上も、防犯上もよろしくないことは言うまでもない。

地方とは異なるものの、様々な点から東京も衰退からは逃れられないわけだが、不幸なことに東京はまだまだ大丈夫と考える人が多い。地方での人口減少は急激で、そこには危機意識が働くが、東京のように巨大なまちでは変化が見えにくい。そこで対応が遅れる、いわる茹でガエル状態になりつつあるのである。

†新規事業に失敗する会社と活性化できないまちは似ている?

ところで、まちの活性化はあちこちで試みられているが、いろいろ観察していると、住民の中から主体的に動きが起きるまちと全く何も起きないまちがある。この第3部でこれから面白くなるまちの条件を簡単に挙げたが、ひとつ、違う観点からその差を見ていきたい。ビジネスにおける新規事業とまちの活性化に共通点はないだろうかということである。

モノを選ぶ際の選択肢の多様化、社会や暮らしの変化、人口減少によって多くの分野で既存の市場は縮小しており、どこの会社も何か、新しい事業を起こしたいと考えるようになっている。衰退するまちの背景にもいくつか同じ要素があると考えると、新規事業を渇望しながら失敗する会社の条件は、活性化できないまちと重なるのではないかという推論である。

多数の企業の新規事業にアドバイザーとして携わり、「はじめての社内起業」(U-CAN)「新規事業ワークブック」(総合法令出版)の著書がある石川明氏によると、日本の企業は四〇年以上、新しいモノを生むことに注力してこなかったという。最近の二〇年ほどは効率よくモノを作ることを追求してきたし、その前の二〇年ほどは多くのものを安く作ることがテーマだった。そのためには合議制や緻密なリスク分析、データ収集などが役に立つが、新しいものを生み出そうとすると、それが障壁になりやすいのだという。

「歴史、規模のある、ちゃんとした会社ほど新しいものを生み出しにくいのは過去に成功してきたやり方を変えきれないためでしょう。イノベーティブな商品、サービスは個人の思いや志から生まれるもので、会議やリスク分析からは生まれません。最初のアイディア時点ではとんがった面白いものだったとしても、多くの人達の同意を得ようと考え始めると、だんだんに角が取れて、最終的にはどこかで見たような無難な二番煎じ、三番煎じに落ち着いてしまいがち。

また、ある程度以上の大きな会社ではある事業を最初から最後まで一人が担当するやり方がとりにくい。発案者が短期で異動、新しい事業を育てきれないことが少なからずあります」。

歴史、規模のある、ちゃんとした会社を自治体に置き換えたらどうだろう。大きな自治体ほど、寄らば大樹の陰と安心してしまい、自分の問題として立ち上がる人がいないのではなかろうか。

†熱海、黄金町……、小さなまちほど変化のチャンス

逆にこのところ、変化していると感じるまちはコンパクトな場所であることが多い。たとえば、東京からは離れるが、静岡県熱海市は二〇〇〇年以降の衰退した温泉街の代表としての相次ぐ報道、老舗温泉旅館の廃業などへの危機感から二〇〇六年の市長選で改革を掲げる市長を選び、観光協会その他の地域の団体の若返りを図るなどして変化をしてきた。近年、まちの将来を担う人達の高齢化が進み、その世代交代が必要とは言われるが、実現できているまちは少ない。財政再建も同様である。しかし、熱海市はそれらをやり抜き、二〇一一年からは来街者が増え、賑わいを見せるようになってきている。

その熱海市は人口三万七〇〇〇人（二〇一七年一〇月時点。以下同）ほどの小さな市である。日本で最大の人口を抱える横浜市の三七三万人強に比べると一〇〇分の一のサイズであり、しかも人口は二〇〇〇年の四万四〇〇〇年弱からずっと減り続けてきている。規模から考えると人口減少は大都市に比べよりリアルに感じられる事実であり、危機である。だからこそ、なんとかしなければという思いが働き、それぞれが自分にできることをと立

ち上がったのではないかと思うのだ。

神奈川県横浜市中区にある黄金町もこの一〇年ほどで大きく変化したまちだ。元々は住宅と商店が入り混じるごく普通のまちだった黄金町（実際には黄金町、初音町、日ノ出町という三つのまちにまたがるエリア）が麻薬、売春が跋扈する、普通の人には近づきにくいまちに変わったのは戦後。

まちの評判を大きく毀損したのは一九六三年に封切られ、大ヒットした黒澤明監督の映画「天国と地獄」だ。このまちが麻薬を使った殺人事件の舞台として描かれたのである。実際にはセット内で撮影されたにも関わらず、以降、黄金町には暗黒街という枕言葉が付いて回るようになった。麻薬に関してはその後、地域に横浜市麻薬更生相談室が設置されたり、地元での麻薬撲滅運動などにより昭和四〇年代には下火になってきたものの、続いて問題になって来たのは違法な売買春店の増加だ。

特に一九九五年の阪神・淡路大震災後にこの地を走る京浜急行が高架橋の耐震補強を行うため、高架下の小規模飲食店舗に立退きを求めたのが店舗急増のきっかけとなった。移転に伴い、一〇〇店ほどだった店舗数が二五〇店にも増加、それまでなかった地域にまで広がるようになったのである。この時期には店で働く女性は外国人が増え、不法滞在、エイズなど他の問題も懸念された。以前にはあった営業時間などで地域に迷惑をかけないようにという暗黙のルールも徐々に破られ、環境の悪化に転居したいという人も続出した。

こうした危機的な状況に地元の住民は二〇〇二年に風俗拡大防止委員会を結成。翌年には初黄・日ノ出町環境浄化推進協議会となる。一般に町内会は商店街もそうだが、隣近所とはあまり連携したがらない。隣接する町内会、商店街ほど仲が悪いケースさえ見聞きするが、黄金町の場合、問題は単独のまちで処するにはことが大き過ぎた。また、過去に麻薬の問題で連携したり、二〇年以上前から大岡川の桜まつりを一緒にやってきたことなどの経緯もあり、以降、三つのまちは一丸となって問題に取り組んできた。

ちょうど、横浜市が横浜開港一五〇周年イベント「開国博Y150」を控えていた時期でもあり、住民同様、行政も危機感を抱いていたのだろう、それまで住民主体だったまちづくりに神奈川県警本部、伊勢佐木署が加わり、二〇〇四年一二月には違法風俗店の一斉摘発が行われた。翌年からは二四時間体制のパトロールも始まり、風俗店は激減。

同時に荒れたまちを再生するため、アートを通したまちづくりというコンセプトが掲げられた。最初のイベントは二〇〇八年に開かれた黄金町バザールである。これは高架下に新しく作られた黄金スタジオ、日ノ出スタジオと横浜市が借上げを進めている違法風俗店跡を主な会場としたアートイベントで、その後、毎年秋に開催され、二〇一七年には一〇回目を迎えた。年に一度の黄金町バザール以外にも様々なイベントが行われている。年四

図3-19　黄金町のイベント
子どもたちが集まるまでになっている

回不定期に高架下に作られたかいだん広場で行われる食とアートのイベント、のきさきアートフェア。同日にはかいだん広場に隣接する高架下スタジオSite-D集会場で地元三町の商店主が結集した初黄日商店会（はつこひしょうてんかい）がワンデイマルシェのはつこひ市場を開いている。

それ以外にも、この地に居住するアーティストが先生になっての黄金町芸術学校や同様に地元の人が先生になってのまちゼミ、各種展覧会やワークショップなども頻繁に開かれ、人の流れ、まちの雰囲気は明らかに変わってきた。最近ではアートのまちという言葉も聞かれるようになり、徐々にかつての暗黒街のイメージは薄れつつある。二〇一八年には高架下に車輪のついたタイニーハウス（分かりやすく言えば小屋）を利用した宿泊施設も登場。若い人が集まるようになっている。

こうした外から見えるイベント以外に、まちでは地道な努力が積み上げられてきた。町内会、PTA、行政、京浜急行、警察そしてまちに関わるNPO関係者が毎月1回必ず定例会を開き、まちの問題を話し合っており、月に一回の防犯パトロールも欠かさないというのである。それを一〇年近く続けて、今があると思うと、その粘り強さに頭が下がると同時に毀損されたイメージの回復の難しさを実感する。

実際の黄金町では今も増え続ける空き家、残存する貧困ビジネス、アートのまちとしての評価の向上、これまで活動を支えてきた町内会メンバーの高齢化などまだまだ問題を抱えている。だが、それは今のところ、見えていないだけで他の多くのまちも抱えているはず。そこに立ち向かえるかどうか。一丸とならざるを得なかった小さなまちのほうが最終的に強いのかもしれないと思うが、どうだろうか。

†住民と行政の距離が近いまちに可能性

首都圏以外でも新しい産業を興すなどして注目されている自治体は小さな規模のまちが多い。葉っぱビジネスで有名になった徳島県上勝町の人口は一五七四人、同じ徳島県でサテライトオフィス誘致の成功例として語られることの多い神山町は四九六七人、地元の材木を利用したビジネスで話題になった岡山県の西粟倉村は一四九九人。ここ二〇年で人口が一四％ほども増加し続けている写真のまち、北海道東川町は少し大きくて、それでも八二八二人。大きなまちより小さなまちのほうが危機を自分のことと感じるだろうし、人と人との距離が近く、繋がりやすい。変化が起こり始めれば、変わる可能性が高いのである。

人と人との距離のうちには行政と住民のそれもある。人口七〇八二人の神奈川県真鶴町で町役場の若手と地元の人たちがリノベーションした移住前提のお試し居住施設のお披露目会に参加したことがあるが、驚いたのは役場と町民の距離の近さだった。役場が主導してのイベントに地元の人たちが寿司やケーキ、ワインなどを差し入れし、最後には副町長がバイクで登場。塩辛と日本酒を運んできた。

都心に住んでいると役所は遠い存在だ。何か困ったことがあった、聞きたいことがあると言ってまず、役所に行く、電話をする人はそうはいないだろう。だが、真鶴町では役所は相談窓口のひとつで、住民たちは気軽に質問、相談をする。役所のほうも部署が変わっても相手となる住民はずっと同じである。人口が少ないだけに顔の見えない不特定多数となることは難しく、互いに誠実に向かい合わざるを得ない。

真鶴町では一九五七年の国勢調査で人口が一万人を割り込み、以来、年に一〇〇人〜一五〇人ほど減り続けている。二〇一五年の国勢調査（速報値）の前回比はマイナス一〇・

六%となっており、神奈川県下では箱根町に次ぐ減少である。

だが、真鶴町では二〇〇九年以降、空地空家情報の発信、ふるさと町民登録制度など移住・定住促進のための施策を打ってきた。特に二〇一三年度には役場の中堅・若手や町民が集まった真鶴町活性化プロジェクトが始動、ここ一〜二年で民間を中心に様々なイベントが行われるようになっている。

二〇一四年には街中の様々な施設を期間限定でミニ美術館にするイベント「湯河原・真鶴アート散歩」がスタート。同年には世界的起業イベント「スタートアップウィークエンド」が真鶴で開かれるようになった。その翌年には真鶴港岸壁広場で毎月月末の日曜日に「真鶴なぶら市」なる、地元産品を揃えた朝市が開かれるようになり、同年には感じる芸術祭と銘打ったアートイベント「真鶴まちなーれ」もスタート。ここ二〜三年で真鶴が何か、始めているという情報を聞くようになった。そうした活動を可能にしている理由のひとつにこのまちに住む人、行政それぞれの関係の近さがあるのである。

かつて農山漁村ではそうした密過ぎる人間関係を嫌い、匿名性のある都会での暮らしを選ぶ人が多かったが、今の都会ではそれが行き過ぎてしまった感がある。それよりは節度のある人間関係、頼り、頼られる関係がある小さなまちのほうが今後の危機に一致団結できるのではなかろうか。もちろん、小さなまちであっても、そうした動きが生まれないまちもあり、行政と住民が遠いまちもあるから小さいから全てOKというわけではないが。

†小さなまちほど一人の存在感が大きい

もうひとつ、住むという観点で小さなまちの魅力として挙げられるのはひと一人の力が適正に評価されるという点だ。二〇一六年に東京から地方に移住した人たちに東京と地方の違いについて聞くインタビューを行い、五人の声をまとめた。もちろん、実際にはその三倍くらいの方々に二〜三時間に渡って話を聞き、そのうちから絞るという作業をした。そこで多くの人から聞いたのは東京では自分の存在は歯車の一部であり、ひどく無力に感じられるということ。

ところが、地方に移住して働き出すと、社会の中で自分が担っている役割が見え、お金の循環も見えやすくなるという。当然だが、それはやりがい、生きがいにも繋がる。以下、その時に紹介した記事の一部を紹介しよう。

まずは東京から宮城県石巻市に移住した建築家、天野美紀氏である。

「東京では歩いていて知人に会うことは滅多にないけれど、石巻は一〇万人くらいのコンパクトな街だから、三〇分犬の散歩をするだけで二〜三人と会う。女川だと三〇分で一〇人くらい。今の私にとっては濃すぎず、薄すぎずの感じで人に会えるんです。さらに個人営業が多い街なので、人と会うことで新しいことが生まれやすい。行政との距離も近く、東京にいたら大きな会社など誰かが仕掛けなければ実現できないことが、ちょっと時間はかかるものの実現できる。普通にあちこちでコラボレーションが生まれているんです」。

東京には多くの人が集まっており、ひとり一人の力、存在感が薄い。だが、石巻ではそれが大きいということだろう。また、コンパクトな世界ではお金の循環も見えやすい。東京にいると払った家賃を誰が受け取っているのかは分かりにくいが、石巻では受け取った人の顔が見え、その人が食事をし、モノを買うことでそのお金が他の人に回っていくのが分かる。だとすると、そこで悪いことはできないし、荒稼ぎしようとも思わなくなる。

「お金がなんのためにあるかといえば、生活するために必要な道具だから。循環させていくことで生活が成り立つから。ところが東京では稼ぐことが目的になってしまい、奪い合うことに。ここにいるとお金の価値が違うものに見えてきます」。

もう一人、海を楽しむ週末移住のつもりで静岡県熱海市にマンションを購入、縁あって起業した河瀬豊氏である。

「海を楽しみたいから熱海だったはずなのに、起業決意後はそれどころではない生活。でも、サラリーマン時代は歯車の一部で、仕事の成果が見えなかったのに対し、今は自分が主体となって仕事をしている実感があります。熱海市は人が少なく、特に若いプレイヤーが少ないのでチャンスはいくらでもある。もちろん、東京でもあったのかもしれませんが、私達には熱海だった。それにこの仕事は直接感謝される仕事で、やりがいがある。東京の生活に戻りたいと思いませんね」。

これまで住みやすいまちという言葉には行政サービスなどで与えられることが多いまち、利便性や資産価値が高いまちという意味が暗黙のうちにあった。消費する立場としていろいろなモノが与えられると言い換えても良い。だが、ここまで述べてきたように、行政サービスはこれから今以上に充実することには期待できない。逆に減っていく可能性が高い。特に建物その他の公共施設であれば、維持できなくなっていく可能性大である。利便性、資産価値も上がるところは東京でも一部だろう。

だとしたら、住みやすい、そこに住んで幸せという意味も変わるはず。そのひとつに、そこに住むことで自分が自分らしく生きられる、自分の力、存在意義をポジティブに感じられるというような部分も含まれるのではないかと思うと、東京でもこうしたことが感じられるまちが住んで楽しいまち、選ばれるまちになるのではなかろうか。

✝世田谷区松陰神社前と杉並区西荻窪の共通点

自治体レベルまで行かなくても、賑わっているエリアという意味でも小さなまちに分がある。たとえば、世田谷区に東急世田谷線という路面電車が走っているエリアがある。その中ほどに松陰神社前という駅があり、この数年ほどで新しい、個性的な店が増えているとと広く注目されている。

ここは東急世田谷線を中心に南側を平行して走る世田谷通りと北にある松陰神社との間に細い、一方通行の商店街があるだけの小さなまちである。エリアが狭く、かつ道が細くて区画が小さいため、小規模な店舗しかなく、大型店が入って来る余地はない。大手スーパーマーケットは幹線道路である世田谷通り沿いにあるだけだ。

それがまちにはプラスに働いている。最近、人気が出て家賃が多少上がったとはいえ、極端に上がっているわけではなく、まだ個人でも店を出すことができるレベルなのだ。そこに若い、新しいことをやりたい人達が入ってきており、さらに彼らが繋がって互いを応援しあうことで賑わいを生み出しているのだ。

似たような動きがあるのが杉並区西荻窪駅周辺である。中央線沿線の東中野駅から吉祥寺駅までの駅のうち、駅周辺に幹線道路が走っておらず、もっともスペースがないのが西荻窪駅だ。そのため、高架下のスーパーを除けば、それほどに大きな店舗はなく、最近はチェーン店も増えはしたものの、中心となっているのは個人商店。新たに店を出したいという人も個人が多い。同じ沿線には阿波踊りで有名な高円寺、七夕祭りに人が集まる阿佐ヶ谷など、商店街がしっかりしたまちがあるが、西荻窪の複数の商店街はそこまで強力ではなく、それが自由でフラットな雰囲気に繋がっているという声もある。

都心近くのまちの場合、小さいことが関係の密度だけでなく、賃料の手頃さに繋がり、それが人の移動を楽にし、個人が活躍できる余地を増やし、まちを盛り上げることに繋がっているのである。

ちなみに東京の場合、個人が店を出しやすい賃料の目安は月額一〇万円以下。一人ないし夫婦で切り盛りできる程度が望まれるので広さはさほど重要ではない。それより一〇万円以下で借りられる物件がどれだけあるかがおもしろくなるまちを決めるのである。

†人気のまち、吉祥寺衰退の理由は？

その逆に動いているのが西荻窪駅の隣、長らく住みたい街ランキングで人気ナンバーワンとして知られた吉祥寺駅である。中央線の他の駅に比べると吉祥寺駅は二路線が使えるうえ、大型店もあれば、商店街も、路地や横丁もあり、さらには広大な公園もとコンテンツが多く、大きなまちである。そうした情報が日々発信され続けることで、吉祥寺は長らく人気を保ってきた。まちとしての人口、面積などはそれほど大きくはないが、実態よりも過大に評価されているという意味では大きなまちである。だが、残念ながら、最近は面白くなくなってきたという声も出始めている。

商店街には相変わらず、多くの人が歩いているものの、モノは買っていないと指摘するのは一九七一年以降、吉祥寺のまちを見守ってきた地元の不動産会社リベストの山田妙子氏である。山田氏はこれまで積極的にまちにない店を誘致、吉祥寺の賑わいを裏から支えてきた人だ。だが、今の吉祥寺は往時とは違うという。ある日、空き店舗があるので、どんな店に来てもらうのが良いかを考えようと日曜日の夕方に商店街を歩いてみて愕然としたのだという。モノが売れていないのだ。飲食店はまだ入っているものの、物販は地元発祥で本体とベルトを自分好みに組み合わせられる時計でヒットを飛ばしている店くらいだったという。そして実際、空き店舗が増え、店の回転が早まっている。家賃が高くなり過ぎ、商売を成り立たせるのが難しくなっているのだ。

「かつての吉祥寺はこれから成長する店が来るまちでした。私自身は今もそういう店や、その店があることでまちの価値が上がるような店に来て欲しいと思っていますが、最近は不動産ファンドの物件が増え、高値を提示するようになっています。不動産ファンドは投資が目的ですから、賃料は上げれば上げたほうが収益が上がるので、どんな店舗、人が入るかまでは熟考しません。不動産オーナーが二万円で将来性のある店を入れるより、3万円出してくれる不動産ファンドを選びたくなるのは分からないではありませんが、それによりまちの魅力が低減する不安を感じます」。

かつての吉祥寺にはここに来なければ買えないモノや味わえない店があり、それが人を呼んでいたが、今は大型店中心の、どこにでもあるモノばかりが並んでいる。そこにわざわざ人が来るかということである。大手チェーン店の品を買うなら吉祥寺まで足を伸ばさずとも、もっと都心近くあるいは自宅の近くで買えば良い。吉祥寺の、まちとしての魅力は明らかに下がっているのである。

東京都の商業統計調査でみると武蔵野市の年間商品販売額は一九九七年から二〇一四年までの一七年間で三割弱減少している。二〇一三年から二〇一四年にかけてはドン・キホーテ吉祥寺駅前店、駅ビル・キラリナ京王吉祥寺、都内最大規模のユニクロ吉祥寺店、ヤマダ電機LABI吉祥寺と大型店の開業が相次ぎ、駅もきれいになったが、モノは売れているわけではないのだ。

吉祥寺駅周辺の場合にはもうひとつ、衰退の要因を抱えている。それは周辺に居住する人たちの高齢化である。吉祥寺は元々遠方からの買い物客を集めるまちではない。一般財団法人森記念財団都市整備研究所による東京サーベイブック「東京を訪れる人達」の分析によると、吉祥寺に主に集まってくるのは近隣に住む人達である。主に中央線沿線と言い換えても良いだろうが、そのうちでももっとも近く、活発な消費を支えてきた住宅街御殿山などの住民が高齢化、モノを買わなくなっているのである。徐々に相続も始まっており、世代交代が進むと地元消費はさらに落ち込む可能性がある。

だが、今の時点では商店街の一部は別として、そうした危機感はあまり大きな声になってはいない。吉祥寺駅周辺以外では空き家も目につくようにはなっているが、それほどの問題とは思われていないのが実情だろう。武蔵野市は市として人口、面積いずれをみても大きなまちではないが、人気の高さが実態以上にまちを大きく見せていることに気づかなくなっているのかもしれない。

†人気商店街品川区・武蔵小山の没落

吉祥寺同様に人気が賃料を押し上げ、まちがつまらなくなる例は他にもある。たとえば吉祥寺ほど規模は大きくないが、商店街としては東京でも一、二を争う知名度のある品川区武蔵小山駅周辺も状況は似たようなものだ。

ここには全長八〇〇mと長さでは東京一とも言われる武蔵小山商店街パルムがある。昭和元年創業の焼き鳥店や巨大パフェを出す喫茶店など約二五〇店が軒を連ねるテレビ等にも頻出する商店街で、一九四七年に設立された後、一九五六年にアーケード、一九六二年には他の商店街に先んじて駐車場を設置するなど、訪れやすさを考慮して整備されてきた。二〇〇六年には「がんばる商店街七七選」にも選ばれており、全国にシャッター通り商店街が増える中、観光客を呼べるにぎやかな商店街として知られてきた。

だが、その努力がまちの人気に直結、賃料が上がった結果、商店主は変質することになった。より収益を上げようと考えると、商店でモノを売るより、テナント業に転じ、店を貸したほうが楽して儲かることが分かってきたのである。

そのため、近年の武蔵小山の商店街では六〜七割くらいは大手を中心としたチェーン店となっており、地元資本の個人店が潰れるとその後にはたいてい、チェーン店が入る。ペットショップが儲かるとなると、短期間でペットショップばかりが増加、日常生活に必要な生鮮食料品店などは徐々に減少してきている。住んでいる人にとって使える商店街ではなくなっているわけで、屋根があり、通行に便利だからと人は歩いてはいるが、それは単なる通路として。商店街の売上げは二〇〇二年から二〇一四年の一二年間で二割弱減少している。駅の乗降客数は増えているが、このまちで買い物をする人は減っているのだ。

加えて武蔵小山では駅前を中心に再開発計画が進んでいる。現在駅前では一区画にそれぞれ一四〇m前後のタワーマンション三棟が建設される予定となっているのだ。うち、一区画ではすでに工事が進行、続く一区画も立退きが進んでおり、最後の一区画も再開発準備組合が検討を始めている。さらに、まだ、まちづくり推進協議会レベルでの検討ではあるものの、あと二棟のタワーマンション計画があるので、それがすべて実現すれば駅前には既存の一棟を含め、六棟のタワーマンションが並ぶことになる。

しかも、全ての計画が実現した場合、商店街は現在の半分ほどになってしまう。現在計画中のタワーの一階、低層階には店舗が入る予定で、商業施設を作る計画もある。計画図面には「商店街との連続性を確保した街並み」などという言葉もある。だが、再開発物件では賃料がアップすることが多く、新たな建物に出店できるのはチェーン店のような、資金力のある企業だけだ。

武蔵小山は東急目黒線で目黒駅から二駅、三分。交通の要衝でもなければ、観光名所となる寺社、公園があるわけでもない、ごく普通の住宅街である。それが全国的に有名になったのは、この「武蔵小山商店街パルム」のおかげだ。現在売り出し中のマンションは商店街の存在を売りにしているが、実際のところ、マンション建設は商店街を食い潰すことで成立する。商店街という売りが無くなった武蔵小山が今の人気を保ち続けられるかどうかは疑問である。

†西小山・京成立石もタワマン銀座に？

だが、こうした再開発でまちの価値を上げようという試みは以前から多かったし、今後もいくつもの予定がある。武蔵小山駅の隣、西小山駅前でも詳細は未定とされるもののやはりタワーマンション建設の計画があるし、千円でべろべろに飲めるを意味するセンベロの聖地として人気を集めている京成立石駅前では飲み屋街、商店街をほぼ全部潰してタワーマンション四棟に建替えるという計画が話題になった。防災的な観点もあり、再開発が必要なことは理解するが、だからといって、大半のまちの計画がほぼ同じで個性も、競争力のないものになっているのはどうしたことだろう。経済効率を優先すると共通解は同じものということなのだろうが、どうして他を見ないのかが理解できない。

再開発はまちの人の声を無視して行われるものではない。長年かかってまちの人たちの声を聞き、その上で行われるものだが、外から見ているとまちの特徴をまちの人自らが潰し、どこにでもあるまちにしようとしているとしか思えない。それはどうしてなのか。

日本のまちづくりでは将来、このまちをどうするかというマスタープランがない、担当者の異動の多い行政には都市計画の専門家が不在、地方議員や有力者が絡むと短期的で打算的な計画になりやすいなど様々な問題点はあるものの、ひとつ、確実に言えるのは長年かけて全員の了承を得るという形で物事を進めていると、社会や状況が変わったからと言って簡単に方向転換ができなくなってしまうということだ。

「駅前の、商店街などが絡む再開発の多くは二〇年前、三〇年前にスタートしており、長年協議が続けられてきているもの。その中で権利関係などが取りまとめられてしまっていると、時代の変化に気づいていたとしても止められない。特に商店街の場合には後継ぎがいないことが多く、だとしたら、建替えてテナントに入ってもらうのが資産を残す最適なやり方ということになります」とはエリアマネジメントやマンションコミュニティづくりなどのコンサルティングを行っているHITOTOWAの荒昌史氏。

商店街特有の事情は別として、この辺りの、一度決めてしまったら状況が変わっていようがいまいが、決めたことに固執する姿勢は他でも聞いたことがあるはず。その昔に定めた計画をあくまでも遂行しようというお役所、上の人にノーと言えずに不正を延々と続けてしまう大企業。まちも含めて、いずれも似通ってはいないだろうか。

†まちも大企業病に侵されている？

巷には大企業病という言葉があるが、その症状としてしばしば挙げられる項目は以下の五点である。

・ルールに固執、合意形成にこだわる手続き主義
・リスクを取りたがらない事なかれ主義
・縦割り、セクショナリズムを当然とする視野の狭さ
・社会やニーズよりも、社内をまず見る視点の歪み
・実力、スキル以上に年功序列、派閥などを優先する社内システム

手続き主義、事なかれ主義という言葉だけからでも、まちを金太郎飴化する再開発が必要性、個性その他を考えることなく、嬉々としてあちこちで進められている状況が良く分かる。また、特に古いまちではまち同士の反発＝セクショナリズムが非常に根強いのも、大企業病同様だ。

たとえば前述した通り、文京区では本郷在住の高齢者がすぐ近くにある白山に対し「白

山の人らとは気質が合わない」という言葉を聞くし、台東区では旧浅草区、旧下谷区間の確執が今もあるという。台東区誕生から二〇一七年で七〇年も経つというのにである。

もちろん、世代が若くなればなるほど、そうした意識は薄れつつあるが、それでも未だにそうした対抗心を聞くことも少なくない。それが商店街などの切磋琢磨に繋がるのであれば益もあるのだろうが、特に住宅街で他地域を誹謗することには意味があるようには思えない。早く、そうした意識の薄い世代が中心となって欲しいところだ。

ちなみに再開発エリア内でも同様に地域ごとのセクショナリズムを聞く。たとえば武蔵小山では二〇一八年現在大手デベロッパー二社による開発が進んでいるが、各社それぞれの建物がどうなるかは分かるものの、まち全体としてどのような開発になるのか、広い視野でのマネジメントは行われていないように見える。同じまちに関わっているのだから、まちの繁栄を願うべきだろうと思うが、それよりも競合他社という意識が先に立つのだろうか。競いあうのは悪いことではないものの、それ以前にやるべきことがあるはずだ。

同様に立石でも開発計画内に複数ある街区それぞれの関係がうまくいっておらず、このままでは連携して防災を考えることも、活性化を図ることもできないのではないかとの危惧の声を聞く。まちもまた、大企業病にかかっているのである。

†新規事業より街づくりは至難？

新規事業の話に戻ろう。ここまで、新しいビジネスを生み出せない会社と変化が起きないまちの共通項を見てきた。規模が大きい、過度に外から評価されているようなまちの中には大企業病に似た病理が潜んでおり、それがまちの変化を阻んでいるのではないかという推論である。

では、逆に新しいモノを生み出せる会社はどのようなものか。再び、石川氏に聞くと、ひとつには多様な人材がいることだという。年齢、性別、経験その他が異なる人が集まることが刺激となり、それまでにないアイディア、発想を生むのである。住宅だけの単機能で多様性のないまちが衰退に向かうことは前述した通りであり、まちも新ビジネスも多様性が背景にあってこそなのである。

また、学歴の高い人は残念ながらイノベーティブでないことが多く、何かを生み出そうという時には教科書的でない発想ができる人が必要なのだとも。これについては欧米で衰退から再生に転じたまちの多くが美術大学やアートの力を借りていることから共通項が見いだせる。

加えて大事なことが二点。

「顧客志向を忘れない会社であれば、変化に合わせ、顧客が必要とする商品を生み出せます。ですが、多くの会社では顧客ではなく、社内を見ている人が多数です。また、その会社を好きな人が多い会社も動きますね。この会社が好きだという強い気持ちが原動力になるのです」。

いずれもまちに置き換えても違和感はない。住民のためのサービスや商品についてではなく、相続や節税対策にしか関心がない商店主しかいない商店街がニーズにあった商品、サービスを生める訳はない。まちに関心がない人がまちを良くしようと考えるはずはない。

ただ、ひとつ、大きく異なることがある。事業は収益を上げるという分かりやすく、共有しやすい目標がある。社内での人間関係には多くの場合、まちでのそれとは異なり、フラットではなく上下関係がある。だが、まちづくりでは共通目標は掲げにくく、建前としては全員平等である。「いいまち」という分かりやすい言葉ですら、人によってイメージするものはバラバラだ。子どもの声が聞こえることを良しとする人もいれば、子どもはうるさいから嫌だという人までいると考えると、規定するのは難しい。

その意味ではビジネスよりも、まちでイノベーションを起こすほうが難しい。まちの場合には共通目標が掲げにくいことに加え、年代その他で利害が反する施策もありうる。分かりやすい例は公園の使い方であろう。静寂に慣れた高齢者は子ども達の声を嫌がることがあるし、ボール遊びは危険と主張する。こうした錯綜する利害を調整する必要があるが、現状、まちにはそれができる人がいない。共通の目標を掲げようとする動きもない。公平を旨とする行政にも手は出しにくい。結果、大きな声を出す人の主張が通ることになる。

†オフィス街は進化し続けている

同じまちでも都心のオフィス街ではそうした動きがある。エリアマネジメント、タウンマネジメントと言葉はいくつかあり、厳密にはそれぞれに違いがあるのだろうが、ここでは大きくまとめて言うと、ひとつの目標に向かってまちを変えて行こうとする時には欠かせない役割である。

その成果として分かりやすいのは、変化する首都圏の中でもここ一〇数年で大きく変貌した丸の内だ。同エリアでは二〇〇二年の都市再生緊急整備地域の指定以降、超高層ビルを中心にした再開発が加速している。

一般社団法人大手町・丸の内・有楽町地区まちづくり協議会のホームページによると区域面積約一二〇haに一〇一棟(建設予定も含む)のビルがあり、そのうち、三五%が築一〇年である。つまり、三分の一以上がここ一〇年ほどで建替えられているのである。年によっては二〜三棟の新しい高層ビルが誕生している計算でもあり、まちの風景が変わったと感じるのは当然だ。

だが、丸の内の変化はビルが建て替わっただけではない。最も変化を感じるのは週末や祝祭日だろう。かつての丸の内は銀行その他の大企業のオフィスばかりが並ぶ、そっけなく、閑散とした通りだった。だが、今ではそこにオフィス街には普通集まらない年代も含めた多種多様な人々が集まり、買い物や飲食、音楽などを楽しんでいるのである。就業前、終業後には学びの場として集まってくる人たちも多く、まちなかではアートや音楽などを楽しめる各種のイベントなども開かれている。

こうした、まちの機能の多様化のきっかけとなったのは一九九九年に始まった丸の内ビルディングの建替えだ。同ビルは敷地面積約一haの大規模ビルであり、建替えには三年ほどと長い時間が必要だ。それを嫌って大手町から出て行く企業もあった。そうした企業を出さない、あるいは一度出て行った企業を呼び戻すためにはどうすれば良いか。

丸の内の大家さんである三菱地所が出した答えは、少しずつ街の新陳代謝を進め、このエリアの価値を高め続けることである。丸の内は江戸時代の大名小路を発祥とする歴史ある場所で、建替えが進む現状でも築三〇年以上のビルが四割ほどとかなりの割合を占める。それを徐々に建替え、古いビルをリニューアルしていくことで、常に変化と魅力のある街にしようと考えたのだ。

といっても、単に建物だけを新しく、高性能にすればことが足りるわけではない。仕事そのものですら、単にこなすだけのものならいずれロボットに取って替わられるかもしれない時代である。これからの仕事は創造的であるべきだ。そう考えるとオフィス、オフィス街も変わる必要がある。街として歩いて楽しく、快適で想像力を掻き立てるような場所であることも大事だろう。

そのためにはオフィス以外の商業、ホテルその他の機能も必要である。週末に無人になるオフィス街はまちとして有効に使われているとは言い難い。丸ビル開業後、同社が丸の内仲通りに路面店舗を積極的に誘致した結果、ここ一〇年ほどで店舗数は約三・五倍の約九七〇店（二〇一三年KITTE開業時）に増加。来街者も土曜日で二・二五八倍、日曜日に至っては二・八〇倍にまで増えているという。

街を訪れる人が多様化しただけではない。外からはあまり見えてはいないが、事業者も多様化している。保険、金融その他大手の堅い商売ばかりではなく、ベンチャーも集まりつつあるのだ。

さらに二〇一六年の「星のや東京」の登場で、丸の内にはこれまで足りなかった「泊」という要素が加わった。二〇一七年竣工の大手町パークビルディングには一二九室のサービスアパートメントが作られ、これまでほとんどなかった「住」が補われる。

わずか二〇年弱で丸の内がこうした大変貌を遂げたのは丸の内にはまちづくり協議会があり、主だった企業が参加、三菱地所が音頭をとって計画的に建替え、開発を行ってきたからである。

住宅街には音頭を取る存在がない

都心にはそれ以外にもこうした形でまちづくりが行われている場所がある。企業名と場所で例示したほうが分かりやすいかもしれない。日本橋を創業の地とする三井不動産、六本木から虎ノ門辺りを中心にした森ビル、本社のある渋谷を開発する東急電鉄などなど。いずれのまちでも現在進行形で開発が進んでおり、それぞれに目指す姿が明らかにされている。

世界では都市間競争が激化しており、世界で、アジアで覇権を握るのはどの都市かという論議がある。さらに東京の中ではどこがという考えもあり、都心部でも生き残りを考えざるを得ないのである。都心には住まない、住めないものの、住むとしたら長く活気を保つであろう都心部に繋がる沿線という考え方もひとつ、あるだろう。

ところで、ここで疑問が浮かぶ。現在、熱心に大手町、丸の内や渋谷、六本木などの本拠地を開発している会社はそれぞれに住宅を作っている。本拠地であるオフィス街では将来を考えたマネジメントが行われ、住宅街ではどうして、それがないのか。

全国のエリアマネジメントを行っている団体が集まる全国エリアマネジメントネットワークという団体があるのだが、首都圏でそこに加盟している団体は一〇。大丸有エリアマネジメント協会なども含め、住宅もあるものの、どちらかといえばオフィス街の雰囲気の強いまちの団体が中心である。千葉県鎌ヶ谷市のように住宅街中心と思われるまちの団体もあるにはあるが、同団体は駅前を中心としたまちづくりを謳っており、純然たる住宅街を対象としているわけではない。もちろん、すべての団体が加盟しているわけではなく、住宅地を対象にしたエリアマネジメントもないことはない。だが、数として、活動としてみると少数派である。

まちづくりとビジネスの違いは前述したところだが、加えて住宅地とオフィス街の大きな違いは、住宅やマンションは作って売ったらおしまいで、買った人が自分たちで責任を持たなくてはいけない商品であるのに対し、オフィス街はかなりの場合、賃貸で成り立っており、建物所有者が入居はもちろん、改修その他に関しても主導権を持ちうるという点である。住宅街でも団地、ニュータウンではまちを変えようとする動きがあるのはURという大家さんであり、管理会社でもあるという大きな存在があるからだ。ところが一般的な住宅街にはこうした大きな権限を持つ管理者がいない。買った人達、住んでいる人たちが全員責任者なのだ。だから、デベロッパーは鉄道会社のように沿線の価値維持・向上が自分たちのビジネスに直結するのでない限り、住宅街、マンションのマネジメントにはあまり手を出さないし、出せない。住民が自分たちでやるべきことだからである。

加えて、オフィス街で法人を相手にするのと、住宅街で個人を相手にするのでは、その大変さが違うのだろうと思う。どうしたわけか、法人を代表して交渉に当たる際には冷静で論理的な人が、肩書を外した個人になった途端に感情的で手の付けられない人になるのはしばしば見られる現象だ。住宅街のような多数の個人をまとめてひとつの方向を考えるような作業は、もし、様々な制約が外されてできるようになったとしても、やりたがらない会社が多いのではないだろうか。

しかも、本来まちの資産維持・向上を担うべき住民もそうした責任を感じてはいない。住宅やマンションを買う人は買うことにある意味ゴールを見いだしていることも多く「資産価値が落ちないまちに買う」という一般的な言い方は買った後の努力を想定してはいない。そのため、住宅街、マンションを運営するのは住民ではあるものの、残念ながら町内会、マンションの管理組合が行うのは維持管理や親睦などであり、まちやマンションのありかた、価値向上にまで意識が行っていないのが大半だ。

住民が自分たちでできないのであれば行政の主導という考え方もあるが、これも難しいところ。最近、首都圏近郊の自治体でもまちのプロモーション、移住人口を増やすためにPR動画などを作っているが、大半は交通の利便性、公共施設や自然の充実、祭りその他のイベントの紹介などで住みやすさを強調するもの。まちに愛着や誇りを感じさせたり、まちに関わる喜びなどにまで踏み込んだものはほとんどなく、率直なところ、似たりよったり。選ばれるまちになるための方向、まちの将来の姿を見いだせていないのである。

今後の高齢化や人口減少を考えれば、安穏としていられるまちは少ないはずだが、現段階では大都市東京では、規模の巨大さにもたれかかり、その先を考えるところまではいけていないことが多いのである。

†消費者でもあり、生産者でもある住民

少し古いが、二〇一〇年に経済産業省がまとめた「消費者購買動向調査~リーマンショック以降の日本の消費者の実像~」という調査がある。同調査に「消費者のプロシューマー化」という一項がある。「プロシューマー」とは「プロデューサー（生産者）」と「コンシューマー（消費者）」を一体化させた造語で「つくる側・提供する側にも関わる消費者」を意味するという。かつて消費者と生産者は遠く離れた存在であり、作る人は作るだけ、消費する人は消費するだけであったが、インターネットの普及に伴い、それが近寄ってき

たと考えれば分かりやすい。プロとアマチュアが限りなく近寄ってきていると言っても良い。各種ノウハウがインターネット上で共有されることで、素人でありながらプロはだしという人が増えているのである。消費する一方で生産もする人である。

前項では分かりやすさを優先、消費者住民、生産者住民と分けて書いたが、現実にはどちらの意識もある、賢く、動く住民が出てきており、各地で動き始めている。これからのまちと言うことで言えば、今後、期待すべきはここまでに例として挙げた、そうした人たちではないかと思う。使える公共サービス、自治体の力は上手に使おうという消費者的な視点がありながら、関わることでまちを面白くできるようなら自分でも何かやってみよう、動いてみようというような生産者的発想もある住民ということであろうか。まだまだ全体として数は少ないが、お任せにせず、自分でも動く人は地域にもよるが、確実に増えているように感じる。

しかも、そうした人たちがインターネット、リアルの場を介して横に連携するケースが出始めている。好例が川崎市だ。川崎駅周辺や溝口など市内の各所で障害者の仕事作り、地元野菜の振興その他と異なる活動をしていた人たちが新たに社団法人を作ったり、市内の人、グループ、企業が繋がり、それを行政が応援するという流れが生まれているのである。同じような動きは東京都品川区、調布市や千葉県流山市などでもうねり始めており、今後はさらに広がっていくことが期待される。

個人、グループ、企業それぞれだけではできないことを緩く繋がり、ネットワークすることで可能にしていく今までにない活動体。行政と対立することが多く、しかめ面で進められたその昔の市民活動と違い、緩やかに繋がり、笑いながら協働する楽しそうな動き。これからのまちを変えて行くのは傍目にも楽しそうで、参加したくなるような、こうした動きだろうと思う。

行政サイドにも住民にアイディアを求める、ワークショップなどで意見や要望を聞くなどといった共に作る状況が増えてきている。広く意見を求めるという意味もあるが、それによって関心を持ち、関わる人を増やすことで結果の満足度を上げるという目的も大きい。分かっている自治体はそれを理解し、住民が参加しやすい仕組みを作り、まちを自分事化する仕組みを作りつつある。

住む人からの自発的な動きと活動同士の連携、そこにそれをサポートする行政がうまくかみ合っていけば、大きな力を持つ管理者がいない住宅街でも少しずつ変わっていく可能性がある。いや、あると信じたい。

あとがき

まちは地形の上に歴史が重なって現在の姿になっている。元々の地形が違えば歴史は異なったものになるし、似たような地形の上に歴史のいたずらが異なるまちを作ることもある。その意味ではまちは自然に、勝手にできたものではなく、地形という制約の上に作られた人間の営みである。そう考えると、将来のまちもまた、人間の手によって変わることになる。そこに生きる人達がどう関わるかで、異なる様相を見せるはずだ。

だが、これまでのまちの取り上げられ方は実用中心だった。都心から何分、駅周辺にはスーパーが何軒あって、公園はどこに?といった数字や固有名詞で語られることが多かったように思う。時に歴史が取り上げられても、それはかつてお屋敷街であったことや、華族の屋敷があったなどといった他との差別化、プライドをくすぐるような意図で使われていることが多かった。

住みやすさもまた同様に誰が見ても分かりやすい数字等で表されてきた。助成額、待機児童数、一人当たりの施設の数や割合、人口予測……。そこに住むことで得られるメリット、もらえるモノがデータから読み解く住みやすいまちランキングの主体であると言ってもいい。自分から手続きをするという部分では能動的ではあるが、おおよそ受動的な、受け取ることをメインにした住みやすさが良しとされてきた。

だが、それで良いのか。疑う要因は大きく二つ。これから人が減る我が国では東京圏のように人口が集積しているエリアでさえ、そこから逃れられることはできない。住民を獲得するためにばらまいていたお金をこれまでのように出し続けることはできない。その任に当たる公務員もどんどん減って疲弊している。

もうひとつは受動であることのつまらなさがある。誰かにお任せ、何もかもをやってもらう生活は楽ではあるが、自由がない。社会が貧しかった時代には選択肢もなく、お任せでやってもらえるだけでもありがたかったはずだが、選択肢が豊富になった時代に選べないつまらなさはどうだ。いつも受け身で人の言うことに従い続けるのは楽しいか。もっと自分が主体になった、住んで楽しい、幸せと思えるようなまちという観点はないのか。

私自身、長らく「住みやすい」をキーワードに記事を書いてきたが、その多くの記事の根底に受け身な、何かをやってもらうことを前提にした意識が潜んでいたのではないか、反省をしている。そこに住むだけで「住みやすさ」が自動的に得られるものという誤解を広めてきたのではないか。

そこから転換するきっかけがあった。二〇一四年一月、千葉県流山市の井崎義治市長に取材をした時のこと。今も忘れられない言葉を聞いた。民間企業を定年退職した人が地元の公民館で館長を務め、尽力し、そしてそこをも退職する際に館長を慕い、惜しむ言葉に涙したという話の後での一言だ。

「このまちに住むことで自分の力を活かし、自己実現できる。それもまちの価値のひとつではないでしょうか」。

まちに関わることで人生が変わる、豊かになる。受け身でいたらできないことである。そして、それができるまちに住むことに価値があるという見方。「住みやすさ」以外に何か、そこに住む幸せ、満足度を評価する軸がないかを考えていたところに与えられた新しい切り口だった。

二〇一四年にはもうひとつ、そうか！と思う経験をした。六月に開かれた「第八回どこでもMYカルテ研究会」という医療に関する勉強会で聞いた千葉県千葉市の熊谷俊人市長、埼玉県和光市の松本武洋市長の講演でのことである。

千葉市は本文でも取り上げたちばレポの実証実験が行われたタイミングで、熊谷市長はちばレポへの参加をリアル版の SimCity、ドラクエに例えた。敷居が高く思える行政への参加をゲームにする！　この感覚がまちを変える力になると思った。

松本市長は質疑応答の中で「サービス水準だけでまちを選ぶ人たちには来て欲しくはない」といった趣旨の発言をされた。こんなにストレートな言い方ではなかったと思うが、消費するだけの市民で良いのかという長年の疑問に対する答えとして、非常に納得して聞いたことを覚えている。そうだ、そういう人ばかりではまちはダメになるとも思った。

それから四年。正面きって「住みやすさ」ばかりを考えてきたわけではないが、なんとなく考え続け、取材し続けてきたことをまとめることができた。考え方を転換するきっかけを与えてくださった三人の市長には深く、深く感謝したい。

私にとってこの本は前著「解決！空き家問題」と同じ、現在に合わなくなった過去を再考し、将来に繋げようという問題意識で繋がっている。前著では「過去のマイナスを将来のプラスに転じさせられる人がこれからの社会を作っていくのだろう」と書いた。空き家を放置することがマイナスであり、なんらかの形でそれを除去あるいは利用していくことがプラスであることが明らかに思えたから書けたことである。

しかし、まちの問題はそれほど単純ではなかった。何がマイナスで、どうすることがプラスか。方向は人によって、立場によって違う。また、そもそもまちをどの範囲で考えるかなど曖昧で考えあぐねる部分も多かった。そのため、取材から執筆まで長い時間を要し、取材をお願いした方々にはご迷惑をかけた。申し訳ない。加えて数値では説明できない、心情的な部分も多く、書き終わった今もきちんと伝えられているか、不安な部分がある。

ただ、どう考えても過去の「住宅街かくあるべし」は今の、これからの時代に合っていない。昔はそうだったと言う人もいるだろうが、第1部、第2部で書いたように日本の住宅街観にたいした歴史はない。短期間で生まれた「かくあるべし」に縛られ、変化を拒むのは賢明とは思えない。

そもそも、まちの未来を決めるのはそのまちに長く住んだ人ではなく、これから長く住む人であるべきである。これから起きる変化の中で生きる人達が幸せに暮らせるまちでなければまちは残らない。社会が変化するのと同じようにまちも変わる。社会の変化を睨みつつ、その一部としてまちを考え、楽しい暮らしを生み出していけるかどうか。眉間にしわを寄せたまちづくりではなく、自分の住まいと地続きにある空間としてまちを考え、それを楽しみ、面白がっていく。その延長にまちの明るい未来があるのではないかと思う。

参考文献（本文中に書籍名等を表記しなかったものについてのみ記載）

・東京郊外住宅地の系譜　山口廣編　鹿島出版会（1987年）
・江戸東京を読む　小木新三編　筑摩書房（1991年）
・近代日本の郊外住宅地　片木篤・藤谷陽悦・角野幸博編　鹿島出版会（2000年）
・縮減の時代における都市計画制度に関する研究　生田 長人・周藤 利一著　国土交通政策研究 第102号（2012年）
・東京サーベイブック3　東京を訪れる人達　一般財団法人　森記念財団　都市整備研究所（2013年）
・東京の住宅地　第4版　日本建築学会関東支部住宅問題専門研究委員会編　日本建築学会関東支部（2014年）
・街並みの形成　民間住宅地開発の変遷・首都圏　上川勇治著　住宅新報社（2013年）
・小林カツ代と栗原はるみ　阿古真理著　新潮新書（2015年）
・都市を再生させる　新建築2016年4月別冊
・どこまでやるか、町内会　紙屋高雪著　ポプラ新書（2017年）
・世界の地方創生　松永安光・徳田光弘編著　学芸出版社（2017年）

取材協力

・家いちば　藤木哲也氏　http://www.ieichiba.com/
・okatte にしおぎ　竹之内祥子氏　http://www.okatte-nishiogi.com/

・N9.5　齊藤志野歩氏　http://www.n95.jp/
・荻窪家族レジデンス　瑠璃川正子氏　https://www.ogikubokazoku.org/
・みかんハウス　川西諭氏　http://mikanhouse.jp/
・大里綜合管理　野老真理子氏　http://www.ohsato.co.jp/
・東郊住宅社　池田峰氏　https://www.fuchinobe-chintai.jp/
・安田不動産　http://www.yasuda-re.co.jp/
・コムガーデン尚建　徳山明氏　http://www.naoken.com/
・ミズベリング　岩本唯史氏　https://mizbering.jp/
・三文字昌也氏　facebook.com/masaya.sammonji
・HITOTOWA　荒昌史氏　http://hitotowa.jp/
・商い暮らし　小薬順法氏　http://a-kurashi.net/
・Trist　尾崎えり子氏　https://trist-japan.com/
・コトノハコ　瀧澤いと氏　http://kotonohako.net/
・Damaya Company　木本孝広氏　http://damaya-company.com/
・nokutica　松田志暢氏　http://nokutica.com/
・和光市　松本武洋市長　http://www.city.wako.lg.jp/
・千葉市　熊谷俊人市長　http://www.city.chiba.jp/
・流山市　井崎義治市長　http://www.city.nagareyama.chiba.jp/
・ねぶくろシネマ　唐品知浩氏　http://www.nebukurocinema.com/
・情報ステーション　岡直樹氏　http://www.infosta.org/
・パルコカーサ　田口 昌宏氏　https://www.housemate-navi.jp/select/parcocasa/

・街ing本郷　長谷川大氏　http://m-hongo.com/
・株式会社インキュベータ　石川明氏　https://incu.co.jp
・黄金町エリアマネジメントセンター　山野真悟氏　http://www.koganecho.net/
・A－MANO DESIGN　天野美紀氏　https://amae03.wixsite.com/kamehouse
・伊豆おはな　河瀬豊氏　https://izuohana.com/

ちくま新書
1374

東京《とうきょう》格差《かくさ》
――浮《う》かぶ街《まち》・沈《しず》む街《まち》

二〇一八年一二月一〇日　第一刷発行

著者　中川寛子（なかがわ・ひろこ）
発行者　喜入冬子
発行所　株式会社　筑摩書房
東京都台東区蔵前二―五―三　郵便番号一一一―八七五五
電話番号〇三―五六八七―二六〇一（代表）
装幀者　間村俊一
印刷・製本　三松堂印刷　株式会社

ISBN978-4-480-07183-5 C0233

1100
地方消滅の罠
――「増田レポート」と人口減少社会の正体
山下祐介
「半数の市町村が消滅する」は嘘だ。「選択と集中」などという論理を振りかざし、地方を消滅させようとしているのは誰なのか。いま話題の増田レポートの虚妄を暴く。

1129
地域再生の戦略
――「交通まちづくり」というアプローチ
宇都宮浄人
地方の衰退に伴い、鉄道やバスも消滅の危機にある。再生するためには「まち」と「公共交通」を一緒に変えるしかない。日本の最新事例をもとにその可能性を探る。

1151
地域再生入門
――寄りあいワークショップの力
山浦晴男
全国どこでも実施できる地域再生の切り札「寄りあいワークショップ」。住民全員が連帯感をもってアイデアを出しあい、地域を動かす方法と成功の秘訣を伝授する。

1153
解決！ 空き家問題
中川寛子
過剰な住宅供給のツケで、いま顕在化する空き家問題。活用を阻む4要因と、打開策とは？ 柔軟な発想で負の財産をお宝に転換。豊富な事例から活路を見いだす！

1265
僕らの社会主義
國分功一郎
山崎亮
いま再びグランド・セオリーが必要とされているのではないか？ マルクス主義とは別の「あったかもしれない社会主義」の可能性について気鋭の論客が語り尽くす。

1279
世界に広がる日本の職人
――アジアでうけるサービス
青山玲二郎
日本発の技術とサービスが大好評な訳は？ 香港の寿司店、バンコクの美容室、台北の語学学校など。海外移住者たちが働く現場から、その要因を多面的に徹底解明！

1238
地方自治講義
今井照
地方自治の原理と歴史から、人口減少やコミュニティ、憲法問題など現在の課題までをわかりやすく解説。市民が自治体を使いこなすための、従来にない地方自治入門。

ちくま新書

1120 ルポ 居所不明児童 ――消えた子どもたち　石川結貴
貧困、虐待、家庭崩壊などが原因で、少なくはない子どもたちの所在が不明になっている。この国で社会問題化しつつある「消えた子ども」を追う驚愕のレポート。

1125 ルポ 母子家庭　小林美希
夫からの度重なるDV、進展しない離婚調停、親子のギリギリの生活……。社会の矛盾が母と子を追い込んでいく。彼女たちの厳しい現実と生きる希望に迫る。

1072 ルポ 高齢者ケア ――都市の戦略、地方の再生　佐藤幹夫
独居高齢者や生活困窮者が増加する「都市」、人口減や市街地の限界集落化が進む「地方」。正念場を迎えた「高齢者ケア」について、先進的事例を取材して考える。

1233 ルポ 児童相談所 ――一時保護所から考える子ども支援　慎泰俊
自ら住み込み、100人以上の関係者に取材し「一時保護所」の現状を浮かび上がらせ、課題解決策を探る。若き社会起業家による、社会的養護の未来への提言。

1108 老人喰い ――高齢者を狙う詐欺の正体　鈴木大介
オレオレ詐欺、騙り調査、やられ名簿……。平均貯蓄額2000万円の高齢者を狙った、「老人喰い＝特殊詐欺犯罪」の知られざる正体に迫る！

1078 日本劣化論　笠井潔　白井聡
幼稚化した保守、アメリカと天皇、反知性主義の台頭、左右の迷走、日中衝突の末路……。戦後日本は一体どこまで堕ちていくのか？　安易な議論に与せず徹底討論。

1094 東京都市計画の遺産 ――防災・復興・オリンピック　越澤明
幾多の惨禍から何度も再生してきた東京。だが、インフラ未整備の地区は数多い。首都大地震、防災への備え、五輪へ向けた国際都市づくりなど、いま何が必要か？

ちくま新書

1235 これが答えだ！ 少子化問題　赤川学

長年にわたり巨額の税金を投入しても一向に改善しない少子化問題。一体それはなぜか。少子化対策をめぐるパラドクスを明らかにし、この問題に決着をつける！

1304 ひとり空間の都市論　南後由和

同調圧力が高い日本の、おひとりさま。だが都市生活では、ひとりこそが正常だったはずだ。つながりやコミュニティへ世論が傾く今、ひとり空間の可能性を問い直す。

1027 商店街再生の罠――売りたいモノから、顧客がしたいコトへ　久繁哲之介

「大型店に客を奪われた」は幻想！ B級グルメ、商店街を利用しない公務員、ゆるキャラなど数々の事例から、商店街衰退の真実と再生策を導き出す一冊。

941 限界集落の真実――過疎の村は消えるか？　山下祐介

「限界集落はどこも消滅寸前」は嘘である。危機を煽り立てるだけの報道や、カネによる解決に終始する政府の過疎対策の誤りを正し、真の地域再生とは何かを考える。

937 階級都市――格差が街を侵食する　橋本健二

街には格差があふれている。古くは「山の手」「下町」と身分によって分断されていたが、現在もその構図は変わっていない。宿命づけられた階級都市のリアルに迫る。

883 ルポ 若者ホームレス　飯島裕子　ビッグイシュー基金

近年、貧困が若者を襲い、20～30代のホームレスが激増している。彼らはなぜ路上暮らしへ追い込まれたのか。貧困が再生産される社会構造をあぶりだすルポ。

897 ルポ 餓死現場で生きる　石井光太

飢餓で苦しむ10億人。実際、彼らはどのように暮らし、生き延びているのだろうか？ 売春、児童結婚、HIV、子供兵など、美談では語られない真相に迫る。

ちくま新書

853
地域再生の罠
——なぜ市民と地方は豊かになれないのか？
久繁哲之介
活性化は間違いだらけだ！　多くは専門家らが独善的に行う施策にすぎず、そのために衰退は深まっている。このカラクリを暴き、市民のための地域再生を示す。

659
現代の貧困
——ワーキングプア／ホームレス／生活保護
岩田正美
貧困は人々の人格も、家族も、希望も、やすやすと打ち砕く。この国で今、そうした貧困に苦しむのは「不利な人々」ばかりだ。なぜ？　処方箋は？　をトータルに描く。

1367
地方都市の持続可能性
——「東京ひとり勝ち」を超えて
田村秀
煮え切らない国の方針に翻弄されてきた全国の自治体。厳しい状況下で地域を盛り上げ、どうブランド力を高めるか。都市の盛衰や従来の議論を踏まえた生き残り策。

1059
自治体再建
——原発避難と「移動する村」
今井照
帰還も移住もできない原発避難民を救うには、江戸時代の「移動する村」の知恵を活かすしかない。バーチャルな自治体の制度化を提唱する、新時代の地方自治再生論。

960
暴走する地方自治
田村秀
行革を旗印に怪気炎を上げる市長や知事、地域政党。だが自称改革派は矛盾だらけだ。幻想を振りまき混乱に拍車をかける彼らの政策を分析、地方自治を問いなおす！

847
成熟日本への進路
——「成長論」から「分配論」へ
波頭亮
日本は成長期を終え成熟フェーズに入った。旧来の成長モデルの政策も制度ももはや無効であり改革は急務である。国民が真に幸せだと思える国家ビジョンを緊急提言。

625
自治体をどう変えるか
佐々木信夫
行政活動の三分の二以上を担う地方を変えることは、この国のかたちを変えることにほかならない。「官」と「民」の関係を問い直し、新たな〈公〉のビジョンを描く。